全国“八五”普法
普法知识题集系列 16

妇女权益保障法

FUNÜ QUANYI BAOZHANGFA

普法知识题集

PUFA ZHISHI TIJI

中国法制出版社
CHINA LEGAL PUBLISHING HOUSE

编辑说明

当前，我国已开启全面建设社会主义现代化国家新征程，进入新发展阶段。通过开展“八五”普法，使公民法治素养和社会治理法治化水平显著提升，形成全社会尊法学法守法用法的良好氛围。多层次多领域依法治理深入推进，全社会办事依法、遇事找法、解决问题用法、化解矛盾靠法的法治环境显著改善。

提升公民法治素养是全民普法的主要目标，也是全面依法治国的迫切要求，要突出重点对象，分层分类指导。实行公民终身法治教育制度，把法治教育纳入干部教育体系、国民教育体系、社会教育体系，不断提升全体公民法治意识和法治素养。坚持学用结合、普治并举。注重在立法、执法、司法和法律服务过程中开展实时普法，把普法深度融入立法、执法、司法和法律服务全过程，把普法融入法治实践、基层治理和日常生活。

为配合“八五”普法工作需要，我们组织编写了“普法知识题集系列丛书”。定位普法，覆盖公民、国家工作人员、领导干部、青少年、企业人员等，题型丰富、解析精准、难度适中，从试题角度为普法工作学习提供检验测试工具。丛书具有以下特点：

一、题型丰富。题型涵盖判断题、单选题、多选题、填空题、简答题，完备系统。

二、解析精准。习题均附有参考答案，解析有法律条文做依据，精准可靠。部分判断题、填空题的解析出于节省篇幅考虑，只列出答案和条文序号。

三、难度适中。习题设置避免难题、偏题、怪题，以突出应知应会和重点条文为出发点设置。

本丛书既适合机关、团体、学校、企业、事业单位等组织相关培训配套使用，也适合有学习需求的广大读者阅读。希望本丛书的出版能够有助于引导广大读者养成自觉守法的意识，形成遇事找法的习惯，培养解决问题靠法的意识和能力。为建设信仰法治、公平正义、保障权利、守法诚信、充满活力、和谐有序的社会主义法治社会贡献一份力量。

由于时间和水平有限，不足之处在所难免，敬请广大读者批评指正。

中国法制出版社

目录

一、妇女权益保障法

第一章 总 则

（一）判断题

1. 为了保障妇女的合法权益，促进男女平等和妇女全面发展，充分发挥妇女在全面建设社会主义现代化国家中的作用，弘扬社会主义核心价值观，根据宪法，制定《妇女权益保障法》。（ ）
2. 各级人民政府有关部门在各自的职责范围内做好妇女权益的保障工作。（ ）
3. 国家采取有效措施，为妇女依法行使权利提供必要的条件。（ ）
4. 县级以上地方各级人民政府民政部门根据中国妇女发展纲要，制定和组织实施本行政区域的妇女发展规划，将其纳入国民经济和社会发展规划。（ ）
5. 妇女应当遵守国家法律，尊重社会公德、职业道德和家庭美德，履行法律所规定的义务。（ ）
6. 国家将男女平等基本国策纳入国民教育体系，开展宣传教育，增强全社会的男女平等意识，培育尊重和关爱妇女的社会风尚。（ ）

（二）单项选择题

1. （ ）应当重视和加强妇女权益的保障工作。

A. 各级人民政府

B. 县级以上人民政府

C. 县级以上地方人民政府

D. 乡级以上地方人民政府

2. 保障妇女的合法权益是全社会的共同责任。国家机关、社会团体、企业事业单位、基层群众性自治组织以及其他组织和个人，应当依法保障妇女的（　）。

A. 利益　　B. 合法利益

C. 权益　　D. 合法权益

3. （　）制定和组织实施中国妇女发展纲要，将其纳入国民经济和社会发展规划，保障和促进妇女在各领域的全面发展。

A. 全国人大　　B. 全国人大常委会

C. 国务院民政部门　　D. 国务院

4. 国家鼓励妇女（　），运用法律维护自身合法权益。

A. 自尊、自爱、自立、自强

B. 自尊、自信、自爱、自强

C. 自尊、自信、自立、自强

D. 自尊、自信、自立、自爱

5. 有关机关制定或者修改涉及妇女权益的法律、法规、规章和其他规范性文件，应当听取（　）的意见，充分考虑妇女的特殊权益，必要时开展男女平等评估。

A. 妇女联合会　　B. 工会

C. 共产主义青年团　　D. 残疾人联合会

（三）多项选择题

1. 男女平等是国家的基本国策。妇女在（　）和家庭的生活等各方面享有同男子平等的权利。

A. 政治的　　B. 经济的

C. 文化的　　D. 社会的

2. 坚持中国共产党对妇女权益保障工作的领导，建立（　）的保障妇女权益工作机制。

A. 政府主导　　B. 各方协同

C. 组织帮助　　D. 社会参与

3. （　　）等群团组织应当在各自的工作范围内，做好维护妇女权益的工作。

A. 企业单位　　B. 工会

C. 共产主义青年团　　D. 残疾人联合会

（四）填空题

1. 国家采取必要措施，促进____，消除对妇女一切形式的____，禁止排斥、限制妇女依法享有和行使各项权益。国家保护妇女依法享有的____。
2. 县级以上人民政府负责妇女儿童工作的机构，负责____、协调、____、督促有关部门做好妇女权益的保障工作。
3. 县级以上人民政府应当将妇女权益保障所需经费列入本级____。
4. 中华全国妇女联合会和地方各级妇女联合会依照法律和中华全国妇女联合会章程，代表和维护____妇女的利益，做好维护妇女权益、促进男女平等和妇女____发展的工作。
5. 国家建立健全妇女发展状况____制度，完善____监测指标体系，____开展妇女发展状况和权益保障统计调查和分析，发布有关信息。
6. 国家对保障妇女合法权益成绩显著的组织和个人，按照有关规定给予____和____。

参考答案

（一）判断题

1. √，解析：根据《妇女权益保障法》第1条规定。
2. ×，解析：根据《妇女权益保障法》第3条第4款规定，县级以上人民政府有关部门在各自的职责范围内做好妇女权益的保障工作。
3. √，解析：根据《妇女权益保障法》第4条规定。
4. ×，解析：根据《妇女权益保障法》第5条第2款规定，县级以上地方各级人民政府根据中国妇女发展纲要，制定和组织实施本行政区域的妇女发展规划，将其纳入国民经济和社会发展规划。
5. √，解析：根据《妇女权益保障法》第7条规定。
6. √，解析：根据《妇女权益保障法》第10条规定。

（二）单项选择题

1. A，解析：根据《妇女权益保障法》第 3 条第 2 款规定，各级人民政府应当重视和加强妇女权益的保障工作。
2. C，解析：根据《妇女权益保障法》第 4 条第 1 款规定，保障妇女的合法权益是全社会的共同责任。国家机关、社会团体、企业事业单位、基层群众性自治组织以及其他组织和个人，应当依法保障妇女的权益。
3. D，解析：根据《妇女权益保障法》第 5 条第 1 款规定，国务院制定和组织实施中国妇女发展纲要，将其纳入国民经济和社会发展规划，保障和促进妇女在各领域的全面发展。
4. C，解析：根据《妇女权益保障法》第 7 条第 1 款规定，国家鼓励妇女自尊、自信、自立、自强，运用法律维护自身合法权益。
5. A，解析：根据《妇女权益保障法》第 8 条规定，有关机关制定或者修改涉及妇女权益的法律、法规、规章和其他规范性文件，应当听取妇女联合会的意见，充分考虑妇女的特殊权益，必要时开展男女平等评估。

（三）多项选择题

1. ABCD，解析：根据《妇女权益保障法》第 2 条第 1 款规定，男女平等是国家的基本国策。妇女在政治的、经济的、文化的、社会的和家庭的生活等各方面享有同男子平等的权利。
2. ABD，解析：根据《妇女权益保障法》第 3 条第 1 款规定，坚持中国共产党对妇女权益保障工作的领导，建立政府主导、各方协同、社会参与的保障妇女权益工作机制。
3. BCD，解析：根据《妇女权益保障法》第 6 条第 2 款规定，工会、共产主义青年团、残疾人联合会等群团组织应当在各自的工作范围内，做好维护妇女权益的工作。

（四）填空题

1. 男女平等；歧视；特殊权益。（《妇女权益保障法》第 2 条）
2. 组织；指导。（《妇女权益保障法》第 3 条）
3. 预算。（《妇女权益保障法》第 5 条）
4. 各族各界；全面。（《妇女权益保障法》第 6 条）
5. 统计调查；性别统计；定期。（《妇女权益保障法》第 9 条）
6. 表彰；奖励。（《妇女权益保障法》第 11 条）

第二章　政治权利

（一）判断题

1. 国家保障妇女享有与男子平等的政治权利。（　　）
2. 全国人民代表大会和地方各级人民代表大会的代表中，应当保证有适当数量的妇女代表。（　　）
3. 居民委员会、村民委员会成员中，可以有适当数量的妇女成员。（　　）
4. 国家采取措施支持女性人才成长。（　　）

（二）单项选择题

1. 国家采取措施，逐步提高（　　）的妇女代表的比例。

A. 全国人民代表大会

B. 地方各级人民代表大会

C. 全国人民代表大会和地方各级人民代表大会

D. 全国人民代表大会或者地方各级人民代表大会

2. 国家积极培养和选拔女干部，重视培养和选拔（　　）女干部。

A. 处级　　B. 少数民族

C. 年轻　　D. 无党派人士

3. 国家机关、群团组织、企业事业单位培养、选拔和任用干部，应当坚持（　　）的原则，并有适当数量的妇女担任领导成员。

A. 性别平等　　B. 年龄平等

C. 资历平等　　D. 男女平等

（三）多项选择题

1. 妇女和妇女组织有权向各级国家机关提出妇女权益保障方面的（　　）。

A. 意见　　B. 设想

C. 建议　　D. 想法

2. 妇女联合会代表妇女积极参与国家和社会事务的（　　）。

A. 民主协商　　B. 民主决策

C. 民主管理　　D. 民主监督

（四）填空题

1. 妇女有权通过各种____，依法参与管理国家事务、管理____事业、管理社会事务。
2. 妇女享有与男子____的选举权和____。
3. 妇女联合会及其团体会员，可以向国家机关、群团组织、企业事业单位____女干部。
4. 对于有关妇女权益保障工作的批评或者____的建议，有关部门应当听取和采纳；对于有关侵害妇女权益的申诉、控告和检举，有关部门应当____事实，负责处理，任何组织和个人不得____或者____。

参考答案

（一）判断题

1. √，解析：根据《妇女权益保障法》第12条规定。
2. √，解析：根据《妇女权益保障法》第14条规定。
3. ×，解析：根据《妇女权益保障法》第14条第3款规定，居民委员会、村民委员会成员中，应当保证有适当数量的妇女成员。
4. √，解析：根据《妇女权益保障法》第15条规定。

（二）单项选择题

1. C，解析：根据《妇女权益保障法》第14条第2款规定，全国人民代表大会和地方各级人民代表大会的代表中，应当保证有适当数量的妇女代表。国家采取措施，逐步提高全国人民代表大会和地方各级人民代表大会的妇女代表的比例。
2. B，解析：根据《妇女权益保障法》第15条第1款规定，国家积极培养和选拔女干部，重视培养和选拔少数民族女干部。
3. D，解析：根据《妇女权益保障法》第15条第2款规定，国家机关、群团组织、企业事业单位培养、选拔和任用干部，应当坚持男女平等的原则，并有适当数量的妇女担任领导成员。

（三）多项选择题

1. AC，解析：根据《妇女权益保障法》第13条第2款规定，妇女和妇女组织有权向各级国家机关提出妇女权益保障方面的意见和建议。

2. ABCD，解析：根据《妇女权益保障法》第16条规定，妇女联合会代表妇女积极参与国家和社会事务的民主协商、民主决策、民主管理和民主监督。

（四）填空题

1. 途径和形式；经济和文化。（《妇女权益保障法》第13条）
2. 平等；被选举权。（《妇女权益保障法》第14条）
3. 推荐。（《妇女权益保障法》第15条）
4. 合理可行；查清；压制；打击报复。（《妇女权益保障法》第17条）

第三章　人身和人格权益

(一) 判断题

1. 国家保障妇女享有与男子平等的人身和人格权益。(　　)
2. 任何组织和个人不得歧视被拐卖、绑架的妇女。(　　)
3. 受害妇女可以向有关单位和国家机关投诉。接到投诉的有关单位和国家机关应当及时处理，并书面或者口头告知处理结果。(　　)
4. 住宿经营者应当及时准确登记住宿人员信息，健全住宿服务规章制度，加强安全保障措施；发现可能侵害妇女权益的违法犯罪行为，应当及时向主管机关报告。(　　)
5. 国家建立健全妇女健康服务体系，保障妇女享有基本医疗卫生服务，开展妇女重症病的预防、筛查和诊疗，提高妇女健康水平。(　　)
6. 妇女既依法享有生育子女的权利，又有生育子女的义务。(　　)
7. 有关部门应当提供真实、有效的避孕药具和技术，保障妇女的健康和安全。(　　)

(二) 单项选择题

1. 医疗机构施行生育手术、特殊检查或者特殊治疗时，应当征得妇女本人同意；在妇女与其家属或者关系人意见不一致时，应当尊重（　　）意愿。

   A. 妇女本人　　B. 妇女的家属

   C. 妇女的近亲属　　D. 妇女的关系人

2. 学校应当建立有效预防和科学（　　）性侵害、性骚扰的工作制度。

   A. 处理　　B. 处置

   C. 解决　　D. 管理

3. 媒体报道涉及妇女事件应当（　　），不得通过夸大事实、过度渲染等方式侵害妇女的人格权益。

   A. 公正、适度　　B. 客观、公平

C. 客观、适度　　D. 公平、公正

4. 下列关于妇女权益保障的说法错误的是：（　　）

A. 县级以上地方人民政府应当设立妇幼保健机构，为妇女提供保健以及常见病防治服务

B. 国家鼓励和支持社会力量通过依法捐赠、资助或者提供志愿服务等方式，管理妇女卫生健康事业

C. 国家鼓励和支持社会力量通过依法捐赠、资助或者提供志愿服务等方式，提供安全的生理健康用品或者服务，满足妇女多样化、差异化的健康需求

D. 用人单位应当定期为女职工安排妇科疾病、乳腺疾病检查以及妇女特殊需要的其他健康检查

5. 医疗保健机构应当提供（　　）的医疗保健服务，保障妇女生育安全和健康。

A. 安全、有效　　B. 安全、健康

C. 真实、有效　　D. 真实、健康

（三）多项选择题

1. 下列关于妇女的人身自由的说法正确的是：（　　）

A. 妇女的人身自由不受侵犯

B. 禁止非法拘禁和以其他非法手段剥夺妇女的人身自由

C. 禁止非法拘禁和以其他非法手段限制妇女的人身自由

D. 禁止非法搜查妇女的身体

2. 妇女的生命权、身体权、健康权不受侵犯。禁止（　　）以及其他侵害女性生命健康权益的行为。

A. 虐待　　B. 遗弃

C. 残害　　D. 买卖

3. 各级人民政府和（　　）等部门及村民委员会、居民委员会按照各自的职责及时发现报告，并采取措施解救被拐卖、绑架的妇女，做好被解救妇女的安置、救助和关爱等工作。妇女联合会协助和配合做好有关工作。

A. 公安　　B. 民政

C. 人力资源和社会保障　　D. 卫生健康

4. 禁止违背妇女意愿，以（　　）等方式对其实施性骚扰。

A. 言语　　B. 文字

C. 图像　　D. 肢体行为

5. 学校应当根据女学生的年龄阶段，进行（　　）教育，在教育、管理、设施等方面采取措施，提高其防范性侵害、性骚扰的自我保护意识和能力，保障女学生的人身安全和身心健康发展。

A. 生理卫生　　B. 自卫防护

C. 心理健康　　D. 自我保护

6. 对性侵害、性骚扰女学生的违法犯罪行为，学校不得隐瞒，应当及时通知受害未成年女学生的父母或者其他监护人，向（　　）报告，并配合相关部门依法处理。

A. 人民法院　　B. 人民检察院

C. 公安机关　　D. 教育行政部门

7. 妇女的（　　）、隐私权和个人信息等人格权益受法律保护。

A. 姓名权　　B. 肖像权

C. 名誉权　　D. 荣誉权

8. 禁止以恋爱、交友为由或者在终止恋爱关系、离婚之后，纠缠、骚扰妇女，（　　）妇女隐私和个人信息。妇女遭受上述侵害或者面临上述侵害现实危险的，可以向人民法院申请人身安全保护令。

A. 泄露　　B. 散布

C. 透露　　D. 传播

9. 国家采取必要措施，开展经期、（　　）的健康知识普及、卫生保健和疾病防治，保障妇女特殊生理时期的健康需求，为有需要的妇女提供心理健康服务支持。

A. 孕期　　B. 产期

C. 哺乳期　　D. 更年期

10. 国家实行（　　）保健制度，逐步建立妇女全生育周期系统保健制度。

A. 婚前　　B. 孕前

C. 孕产期　　D. 产后

（四）填空题

1. 妇女的人格尊严不受____。禁止用____、____等方式损害妇女的人格尊严。
2. 禁止进行____需要的胎儿性别鉴定和____的人工终止妊娠。
3. 禁止拐卖、绑架妇女；禁止____被拐卖、绑架的妇女；禁止____被拐卖、绑架的妇女。
4. 性骚扰的受害妇女可以向公安机关____，也可以向人民法院提起____诉讼，依法请求行为人承担民事责任。
5. 对遭受性侵害、性骚扰的女学生，学校、公安机关、教育行政部门等相关单位和人员应当保护其____和____，并提供____的保护措施。
6. 禁止____、嫖娼；禁止组织、强迫、引诱、容留、介绍妇女卖淫或者对妇女进行____活动；禁止组织、强迫、引诱、容留、介绍妇女在任何场所或者利用____进行淫秽表演活动。
7. 禁止通过大众传播媒介或者其他方式____妇女人格。未经____同意，不得通过广告、商标、展览橱窗、报纸、____、____、音像制品、电子出版物、网络等形式使用妇女肖像，但法律另有规定的除外。
8. 各级人民政府在规划、建设基础设施时，应当考虑妇女的____需求，配备满足妇女需要的____和____等公共设施。

（五）简答题

简述用人单位预防和制止对妇女的性骚扰应当采取的措施。

参考答案

（一）判断题

1. √，解析：根据《妇女权益保障法》第18条规定。
2. √，解析：根据《妇女权益保障法》第22条规定。
3. ×，解析：根据《妇女权益保障法》第23条第2款规定，受害妇女可以向有关单位和国家机关投诉。接到投诉的有关单位和国家机关应当及时处理，并书面告知处理结果。

4. ×，解析：根据《妇女权益保障法》第26条规定，住宿经营者应当及时准确登记住宿人员信息，健全住宿服务规章制度，加强安全保障措施；发现可能侵害妇女权益的违法犯罪行为，应当及时向公安机关报告。

5. ×，解析：根据《妇女权益保障法》第30条第1款规定，国家建立健全妇女健康服务体系，保障妇女享有基本医疗卫生服务，开展妇女常见病、多发病的预防、筛查和诊疗，提高妇女健康水平。

6. ×，解析：根据《妇女权益保障法》第32条规定，妇女依法享有生育子女的权利，也有不生育子女的自由。

7. ×，解析：根据《妇女权益保障法》第33条第2款规定，有关部门应当提供安全、有效的避孕药具和技术，保障妇女的健康和安全。

（二）单项选择题

1. A，解析：根据《妇女权益保障法》第21条第3款规定，医疗机构施行生育手术、特殊检查或者特殊治疗时，应当征得妇女本人同意；在妇女与其家属或者关系人意见不一致时，应当尊重妇女本人意愿。

2. B，解析：根据《妇女权益保障法》第24条第2款规定，学校应当建立有效预防和科学处置性侵害、性骚扰的工作制度。对性侵害、性骚扰女学生的违法犯罪行为，学校不得隐瞒，应当及时通知受害未成年女学生的父母或者其他监护人，向公安机关、教育行政部门报告，并配合相关部门依法处理。

3. C，解析：根据《妇女权益保障法》第28条第2款规定，媒体报道涉及妇女事件应当客观、适度，不得通过夸大事实、过度渲染等方式侵害妇女的人格权益。

4. B，解析：根据《妇女权益保障法》第31条规定，县级以上地方人民政府应当设立妇幼保健机构，为妇女提供保健以及常见病防治服务。国家鼓励和支持社会力量通过依法捐赠、资助或者提供志愿服务等方式，参与妇女卫生健康事业，提供安全的生理健康用品或者服务，满足妇女多样化、差异化的健康需求。用人单位应当定期为女职工安排妇科疾病、乳腺疾病检查以及妇女特殊需要的其他健康检查。

5. A，解析：根据《妇女权益保障法》第33条第1款规定，国家实行婚前、孕前、孕产期和产后保健制度，逐步建立妇女全生育周期系统保健制度。医疗保健机构应当提供安全、有效的医疗保健服务，保障妇女生育安全和健康。

（三）多项选择题

1. ABCD，解析：根据《妇女权益保障法》第19条规定，妇女的人身自由不受侵犯。禁止非法拘禁和以其他非法手段剥夺或者限制妇女的人身自由；禁止非法搜查妇女的身体。
2. ABCD，解析：根据《妇女权益保障法》第21条第1款规定，妇女的生命权、身体权、健康权不受侵犯。禁止虐待、遗弃、残害、买卖以及其他侵害女性生命健康权益的行为。
3. ABCD，解析：根据《妇女权益保障法》第22条第2款规定，各级人民政府和公安、民政、人力资源和社会保障、卫生健康等部门及村民委员会、居民委员会按照各自的职责及时发现报告，并采取措施解救被拐卖、绑架的妇女，做好被解救妇女的安置、救助和关爱等工作。妇女联合会协助和配合做好有关工作。任何组织和个人不得歧视被拐卖、绑架的妇女。
4. ABCD，解析：根据《妇女权益保障法》第23条第1款规定，禁止违背妇女意愿，以言语、文字、图像、肢体行为等方式对其实施性骚扰。
5. ACD，解析：根据《妇女权益保障法》第24条第1款规定，学校应当根据女学生的年龄阶段，进行生理卫生、心理健康和自我保护教育，在教育、管理、设施等方面采取措施，提高其防范性侵害、性骚扰的自我保护意识和能力，保障女学生的人身安全和身心健康发展。
6. CD，解析：根据《妇女权益保障法》第24条第2款规定，学校应当建立有效预防和科学处置性侵害、性骚扰的工作制度。对性侵害、性骚扰女学生的违法犯罪行为，学校不得隐瞒，应当及时通知受害未成年女学生的父母或者其他监护人，向公安机关、教育行政部门报告，并配合相关部门依法处理。
7. ABCD，解析：根据《妇女权益保障法》第28条第1款规定，妇女的姓名权、肖像权、名誉权、荣誉权、隐私权和个人信息等人格权益受法律保护。
8. AD，解析：根据《妇女权益保障法》第29条规定，禁止以恋爱、交友为由或者在终止恋爱关系、离婚之后，纠缠、骚扰妇女，泄露、传播妇女隐私和个人信息。妇女遭受上述侵害或者面临上述侵害现实危险的，可以向人民法院申请人身安全保护令。
9. ABCD，解析：根据《妇女权益保障法》第30条第2款规定，国家采取必要措施，开展经期、孕期、产期、哺乳期和更年期的健康知识普及、卫生保健和疾病防治，保障妇女特殊生理时期的健康需求，为有需要的妇女提供心理健康服务支持。

10. ABCD，解析：根据《妇女权益保障法》第33条第1款规定，国家实行婚前、孕前、孕产期和产后保健制度，逐步建立妇女全生育周期系统保健制度。医疗保健机构应当提供安全、有效的医疗保健服务，保障妇女生育安全和健康。

（四）填空题

1. 侵犯；侮辱；诽谤。（《妇女权益保障法》第20条）
2. 非医学；选择性别。（《妇女权益保障法》第21条）
3. 收买；阻碍解救。（《妇女权益保障法》第22条）
4. 报案；民事。（《妇女权益保障法》第23条）
5. 隐私；个人信息；必要。（《妇女权益保障法》第24条）
6. 卖淫；猥亵；网络。（《妇女权益保障法》第27条）
7. 贬低损害；本人；期刊；图书。（《妇女权益保障法》第28条）
8. 特殊；公共厕所；母婴室。（《妇女权益保障法》第34条）

（五）简答题

答：根据《妇女权益保障法》第25条规定，用人单位应当采取下列措施预防和制止对妇女的性骚扰：（1）制定禁止性骚扰的规章制度；（2）明确负责机构或者人员；（3）开展预防和制止性骚扰的教育培训活动；（4）采取必要的安全保卫措施；（5）设置投诉电话、信箱等，畅通投诉渠道；（6）建立和完善调查处置程序，及时处置纠纷并保护当事人隐私和个人信息；（7）支持、协助受害妇女依法维权，必要时为受害妇女提供心理疏导；（8）其他合理的预防和制止性骚扰措施。

第四章 文化教育权益

（一）判断题

1. 国家保障妇女享有与男子平等的文化教育权利。（　　）
2. 中华全国妇女联合会和地方各级妇女联合会应当采取措施，保障女性平等享有接受中高等教育的权利和机会。（　　）
3. 各级人民政府应当依照规定把扫除妇女中的文盲、半文盲工作，纳入扫盲和扫盲后继续教育规划，采取符合妇女特点的组织形式和工作方法，组织、监督有关部门具体实施。（　　）

（二）单项选择题

1. 政府、学校应当采取有效措施，解决适龄女性未成年人就学存在的（　　）困难，并创造条件，保证适龄女性未成年人完成义务教育。

A. 现实　　B. 实际

C. 重大　　D. 特别重大

2. （　　）和有关部门应当采取措施，根据城镇和农村妇女的需要，组织妇女接受职业教育和实用技术培训。

A. 各级人民政府

B. 县级以上人民政府

C. 县级以上地方人民政府

D. 乡级以上地方人民政府

（三）多项选择题

1. 对无正当理由不送适龄女性未成年人入学的父母或者其他监护人，由当地（　　）给予批评教育，依法责令其限期改正。

A. 乡镇人民政府

B. 居民委员会、村民委员会

C. 县级人民政府

D. 县级人民政府教育行政部门

2. 学校和有关部门应当执行国家有关规定，保障妇女在（　　）、就业指导和服务等方面享有与男子平等的权利。

A. 入学　　B. 升学

C. 授予学位　　D. 派出留学

3. 国家机关、社会团体和企业事业单位应当执行国家有关规定，保障妇女从事（　　）和其他文化活动，享有与男子平等的权利。

A. 科学　　B. 技术

C. 文学　　D. 艺术

（四）填空题

1. 父母或者其他监护人应当履行保障____未成年人接受并完成____教育的义务。

2. 学校在录取学生时，除国家规定的特殊专业外，不得以____为由拒绝录取女性或者提高对女性的录取____。

3. 国家____全民终身学习体系，为妇女终身学习创造____。

参考答案

（一）判断题

1. √，解析：根据《妇女权益保障法》第35条规定。

2. ×，解析：根据《妇女权益保障法》第37条第3款规定，各级人民政府应当采取措施，保障女性平等享有接受中高等教育的权利和机会。

3. √，解析：根据《妇女权益保障法》第38条规定。

（二）单项选择题

1. B，解析：根据《妇女权益保障法》第36条第3款规定，政府、学校应当采取有效措施，解决适龄女性未成年人就学存在的实际困难，并创造条件，保证适龄女性未成年人完成义务教育。

2. A，解析：根据《妇女权益保障法》第39条第2款规定，各级人民政府和有关部门应当采取措施，根据城镇和农村妇女的需要，组织妇女接受职业教育和实用技术培训。

（三）多项选择题

1. AD，解析：根据《妇女权益保障法》第 36 条第 2 款规定，对无正当理由不送适龄女性未成年人入学的父母或者其他监护人，由当地乡镇人民政府或者县级人民政府教育行政部门给予批评教育，依法责令其限期改正。居民委员会、村民委员会应当协助政府做好相关工作。
2. ABCD，解析：根据《妇女权益保障法》第 37 条第 1 款规定，学校和有关部门应当执行国家有关规定，保障妇女在入学、升学、授予学位、派出留学、就业指导和服务等方面享有与男子平等的权利。
3. ABCD，解析：根据《妇女权益保障法》第 40 条规定，国家机关、社会团体和企业事业单位应当执行国家有关规定，保障妇女从事科学、技术、文学、艺术和其他文化活动，享有与男子平等的权利。

（四）填空题

1. 适龄女性；义务。（《妇女权益保障法》第 36 条）
2. 性别；标准。（《妇女权益保障法》第 37 条）
3. 健全；条件。（《妇女权益保障法》第 39 条）

第五章　劳动和社会保障权益

（一）判断题

1. 国家保障妇女享有与男子平等的劳动权利和社会保障权利。（　　）
2. 职工一方与用人单位订立的集体合同中应当包含男女平等和女职工权益保护相关内容，但不可以就相关内容制定专章、附件或者单独订立女职工权益保护专项集体合同。（　　）
3. 用人单位在执行国家退休制度时，不得以年龄为由歧视妇女。（　　）
4. 国家实行生育保险制度，建立健全婴幼儿托育服务等与生育相关的其他保障制度。（　　）

（二）单项选择题

1. 人力资源和社会保障部门应当将招聘、录取、晋职、晋级、评聘专业技术职称和职务、培训、辞退等过程中的性别歧视行为纳入劳动保障（　　）范围。

A. 监察　　B. 监督

C. 监管　　D. 督察

2. 地方各级人民政府和有关部门应当按照国家有关规定，为（　　）妇女提供必要的生育救助。

A. 全体　　B. 全体困难

C. 符合规定的困难　　D. 符合条件的困难

（三）多项选择题

1. 用人单位在录（聘）用女职工时，应当依法与其签订劳动（聘用）合同或者服务协议，劳动（聘用）合同或者服务协议中应当具备女职工特殊保护条款，并不得规定限制女职工（　　）等内容。

A. 恋爱　　B. 结婚

C. 生育　　D. 加班

2. 在（　　）等方面，应当坚持男女平等的原则，不得歧视妇女。

A. 晋职

B. 晋级

C. 评聘专业技术职称和职务

D. 培训

3. 妇女在（　　）受特殊保护。

A. 经期　　B. 孕期

C. 产期　　D. 哺乳期

4. 下列关于妇女权益保障的说法正确的是：（　　）

A. 用人单位不得因结婚、怀孕、产假、哺乳等情形，降低女职工的工资和福利待遇

B. 用人单位不得因结婚、怀孕、产假、哺乳等情形，限制女职工晋职、晋级、评聘专业技术职称和职务

C. 用人单位不得因结婚、怀孕、产假、哺乳等情形，辞退女职工

D. 用人单位不得因结婚、怀孕、产假、哺乳等情形，单方解除劳动（聘用）合同或者服务协议

5. 各级人民政府和有关部门应当采取必要措施，加强（　　）等困难妇女的权益保障，按照有关规定为其提供生活帮扶、就业创业支持等关爱服务。

A. 未成年妇女　　B. 贫困妇女

C. 老龄妇女　　D. 残疾妇女

（四）填空题

1. 各级人民政府和有关部门应当____就业保障政策措施，防止和纠正就业性别歧视，为妇女创造____的就业创业环境，为就业困难的妇女提供必要的____。

2. 实行男女____。妇女在享受福利待遇方面享有与男子____的权利。

3. 用人单位应当根据妇女的特点，依法保护妇女在工作和劳动时的____以及____的权利。

4. 女职工在____以及依法享受产假期间，劳动（聘用）合同或者服务协议____的，劳动（聘用）合同或者服务协议期限____至产假结束。但是，

用人单位依法解除、终止劳动（聘用）合同、服务协议，或者女职工依法____解除、终止劳动（聘用）合同、服务协议的除外。

5. 国家发展社会保障事业，保障妇女享有____、社会救助和社会福利等权益。国家____为帮助妇女而开展的社会____活动。

6. 国家____职工生育休假制度，保障____女职工依法享有休息休假权益。

（五）简答题

简述用人单位在招录（聘）过程中，除国家另有规定外，不得实施的行为。

参考答案

（一）判断题

1. √，解析：根据《妇女权益保障法》第41条规定。
2. ×，解析：根据《妇女权益保障法》第44条第2款规定，职工一方与用人单位订立的集体合同中应当包含男女平等和女职工权益保护相关内容，也可以就相关内容制定专章、附件或者单独订立女职工权益保护专项集体合同。
3. ×，解析：根据《妇女权益保障法》第48条第3款规定，用人单位在执行国家退休制度时，不得以性别为由歧视妇女。
4. √，解析：根据《妇女权益保障法》第51条规定。

（二）单项选择题

1. A，解析：根据《妇女权益保障法》第49条规定，人力资源和社会保障部门应当将招聘、录取、晋职、晋级、评聘专业技术职称和职务、培训、辞退等过程中的性别歧视行为纳入劳动保障监察范围。
2. D，解析：根据《妇女权益保障法》第51条第3款规定，地方各级人民政府和有关部门应当按照国家有关规定，为符合条件的困难妇女提供必要的生育救助。

（三）多项选择题

1. BC，解析：根据《妇女权益保障法》第44条第1款规定，用人单位在录（聘）用女职工时，应当依法与其签订劳动（聘用）合同或者服务协议，劳动（聘用）合同或者服务协议中应当具备女职工特殊保护条款，并不得规定限制女职工结婚、生育等内容。

2. ABCD，解析：根据《妇女权益保障法》第46条规定，在晋职、晋级、评聘专业技术职称和职务、培训等方面，应当坚持男女平等的原则，不得歧视妇女。

3. ABCD，解析：根据《妇女权益保障法》第47条第2款规定，妇女在经期、孕期、产期、哺乳期受特殊保护。

4. ABCD，解析：根据《妇女权益保障法》第48条第1款规定，用人单位不得因结婚、怀孕、产假、哺乳等情形，降低女职工的工资和福利待遇，限制女职工晋职、晋级、评聘专业技术职称和职务，辞退女职工，单方解除劳动（聘用）合同或者服务协议。

5. BCD，解析：根据《妇女权益保障法》第52条规定，各级人民政府和有关部门应当采取必要措施，加强贫困妇女、老龄妇女、残疾妇女等困难妇女的权益保障，按照有关规定为其提供生活帮扶、就业创业支持等关爱服务。

（四）填空题

1. 完善；公平；扶持和援助。（《妇女权益保障法》第42条）
2. 同工同酬；平等。（《妇女权益保障法》第45条）
3. 安全、健康；休息。（《妇女权益保障法》第47条）
4. 怀孕；期满；自动延续；要求。（《妇女权益保障法》第48条）
5. 社会保险；提倡和鼓励；公益。（《妇女权益保障法》第50条）
6. 建立健全；孕产期。（《妇女权益保障法》第51条）

（五）简答题

答：根据《妇女权益保障法》第43条规定，用人单位在招录（聘）过程中，除国家另有规定外，不得实施下列行为：（1）限定为男性或者规定男性优先；（2）除个人基本信息外，进一步询问或者调查女性求职者的婚育情况；（3）将妊娠测试作为入职体检项目；（4）将限制结婚、生育或者婚姻、生育状况作为录（聘）用条件；（5）其他以性别为由拒绝录（聘）用妇女或者差别化地提高对妇女录（聘）用标准的行为。

第六章 财产权益

（一）判断题

1. 国家保障妇女享有与男子平等的财产权利。（　　）
2. 因结婚男方到女方住所落户的，男方和子女享有与所在地农村集体经济组织成员平等的权益。（　　）

（二）单项选择题

1. 国家保护妇女在城镇集体所有财产关系中的权益。妇女依照（　　）的规定享有相关权益。

   A. 法律　　B. 法规
   C. 法律、法规　　D. 法律、法规、规章

2. 丧偶儿媳对公婆尽了（　　）义务的，作为第一顺序继承人，其继承权不受子女代位继承的影响。

   A. 主要赡养　　B. 次要赡养
   C. 全部赡养　　D. 部分赡养

（三）多项选择题

1. 妇女在农村集体经济组织成员身份确认、（　　）等方面，享有与男子平等的权利。

   A. 土地承包经营
   B. 集体经济组织收益分配
   C. 土地征收补偿安置或者征用补偿
   D. 宅基地使用

2. 村民自治章程、村规民约，村民会议、村民代表会议的决定以及其他涉及村民利益事项的决定，不得以妇女（　　）、户无男性等为由，侵害妇女在农村集体经济组织中的各项权益。

   A. 未婚　　B. 结婚
   C. 离婚　　D. 丧偶

（四）填空题

1. 在____共同财产、____共有财产关系中，不得侵害妇女依法享有的权益。
2. 申请农村土地承包经营权、宅基地使用权等不动产登记，应当在不动产登记簿和____上将享有权利的妇女等家庭成员____列明。征收补偿安置或者征用补偿协议应当将享有相关权益的妇女____，并记载权益内容。
3. 妇女享有与男子平等的继承权。妇女依法行使继承权，不受____。丧偶妇女有权依法处分继承的财产，任何组织和个人不得____。

参考答案

（一）判断题

1. √，解析：根据《妇女权益保障法》第53条规定。
2. √，解析：根据《妇女权益保障法》第56条规定。

（二）单项选择题

1. C，解析：根据《妇女权益保障法》第57条规定，国家保护妇女在城镇集体所有财产关系中的权益。妇女依照法律、法规的规定享有相关权益。
2. A，解析：根据《妇女权益保障法》第59条规定，丧偶儿媳对公婆尽了主要赡养义务的，作为第一顺序继承人，其继承权不受子女代位继承的影响。

（三）多项选择题

1. ABCD，解析：根据《妇女权益保障法》第55条第1款规定，妇女在农村集体经济组织成员身份确认、土地承包经营、集体经济组织收益分配、土地征收补偿安置或者征用补偿以及宅基地使用等方面，享有与男子平等的权利。
2. ABCD，解析：根据《妇女权益保障法》第56条第1款规定，村民自治章程、村规民约，村民会议、村民代表会议的决定以及其他涉及村民利益事项的决定，不得以妇女未婚、结婚、离婚、丧偶、户无男性等为由，侵害妇女在农村集体经济组织中的各项权益。

（四）填空题

1. 夫妻；家庭。（《妇女权益保障法》第54条）
2. 权属证书；全部；列入。（《妇女权益保障法》第55条）
3. 歧视；干涉。（《妇女权益保障法》第58条）

第七章 婚姻家庭权益

(一) 判断题

1. 国家保障妇女享有与男子平等的婚姻家庭权利。( )
2. 离婚诉讼期间，夫妻一方申请查询登记在对方名下财产状况且确因客观原因不能自行收集的，人民法院可以进行调查取证，有关部门和单位应当予以协助。( )
3. 父母双方对未成年子女享有平等的监护权。父亲死亡、无监护能力或者有其他情形不能担任未成年子女的监护人的，母亲的监护权任何组织和个人不得干涉。( )

(二) 单项选择题

1. 国家（ ）男女双方在结婚登记前，共同进行医学检查或者相关健康体检。

A. 要求　　B. 支持
C. 提倡　　D. 鼓励

2. 对夫妻共同所有的不动产以及可以联名登记的动产，女方有权要求在权属证书上记载其姓名；认为记载的权利人、标的物、权利比例等事项有错误的，有权依法申请（ ），有关机构应当按照其申请依法办理相应登记手续。

A. 变更登记或者异议登记
B. 更正登记或者注销登记
C. 更正登记或者异议登记
D. 变更登记或者注销登记

3. 女方因抚育子女、照料老人、协助男方工作等负担较多义务的，有权在离婚时要求男方予以（ ）。

A. 赔偿　　B. 补偿
C. 弥补　　D. 抵偿

4. 女方丧失生育能力的，在离婚处理子女抚养问题时，应当在（　　）的条件下，优先考虑女方的抚养要求。

A. 征求双方父母意见　　B. 征求未成年子女意见

C. 双方协商　　D. 最有利于未成年子女

（三）多项选择题

1. 婚姻登记机关应当提供婚姻家庭辅导服务，引导当事人建立（　　）的婚姻家庭关系。

A. 平等　　B. 幸福

C. 和睦　　D. 文明

2. 女方在怀孕期间、（　　），男方不得提出离婚；但是，女方提出离婚或者人民法院认为确有必要受理男方离婚请求的除外。

A. 分娩后 1 年内　　B. 分娩后 6 个月内

C. 终止妊娠后 6 个月内　　D. 终止妊娠后 1 年内

3. 妇女对夫妻共同财产享有与其配偶平等的（　　）的权利，不受双方收入状况等情形的影响。

A. 占有　　B. 使用

C. 收益　　D. 处分

4. 离婚诉讼期间，夫妻双方均有向人民法院申报全部夫妻共同财产的义务。一方（　　）、挥霍夫妻共同财产，或者伪造夫妻共同债务企图侵占另一方财产的，在离婚分割夫妻共同财产时，对该方可以少分或者不分财产。

A. 隐藏　　B. 转移

C. 变卖　　D. 损毁

（四）填空题

1. 国家保护妇女的婚姻____。禁止干涉妇女的结婚、离婚____。

2. 禁止对妇女实施家庭暴力。____人民政府有关部门、司法机关、社会团体、企业事业单位、基层群众性自治组织以及其他组织，应当在各自的____范围内预防和制止家庭暴力，依法为受害妇女提供____。

3. 夫妻双方应当共同负担____，共同照顾家庭生活。

4. 离婚时，分割夫妻____的房屋或者处理夫妻共同租住的房屋，由双方协议解决；协议不成的，可以向人民法院____。

参考答案

（一）判断题

1. √，解析：根据《妇女权益保障法》第 60 条规定。
2. ×，解析：根据《妇女权益保障法》第 67 条第 1 款规定，离婚诉讼期间，夫妻一方申请查询登记在对方名下财产状况且确因客观原因不能自行收集的，人民法院应当进行调查取证，有关部门和单位应当予以协助。
3. √，解析：根据《妇女权益保障法》第 70 条规定。

（二）单项选择题

1. D，解析：根据《妇女权益保障法》第 62 条规定，国家鼓励男女双方在结婚登记前，共同进行医学检查或者相关健康体检。
2. C，解析：根据《妇女权益保障法》第 66 条第 2 款规定，对夫妻共同所有的不动产以及可以联名登记的动产，女方有权要求在权属证书上记载其姓名；认为记载的权利人、标的物、权利比例等事项有错误的，有权依法申请更正登记或者异议登记，有关机构应当按照其申请依法办理相应登记手续。
3. B，解析：根据《妇女权益保障法》第 68 条第 2 款规定，女方因抚育子女、照料老人、协助男方工作等负担较多义务的，有权在离婚时要求男方予以补偿。补偿办法由双方协议确定；协议不成的，可以向人民法院提起诉讼。
4. D，解析：根据《妇女权益保障法》第 71 条规定，女方丧失生育能力的，在离婚处理子女抚养问题时，应当在最有利于未成年子女的条件下，优先考虑女方的抚养要求。

（三）多项选择题

1. ACD，解析：根据《妇女权益保障法》第 63 条规定，婚姻登记机关应当提供婚姻家庭辅导服务，引导当事人建立平等、和睦、文明的婚姻家庭关系。
2. AC，解析：根据《妇女权益保障法》第 64 条规定，女方在怀孕期间、分娩后一年内或者终止妊娠后六个月内，男方不得提出离婚；但是，女方提出离婚或者人民法院认为确有必要受理男方离婚请求的除外。
3. ABCD，解析：根据《妇女权益保障法》第 66 条第 1 款规定，妇女对夫妻共同财产享有与其配偶平等的占有、使用、收益和处分的权利，不受双方收入状况等情形的影响。

4. ABCD，解析：根据《妇女权益保障法》第67条第2款规定，离婚诉讼期间，夫妻双方均有向人民法院申报全部夫妻共同财产的义务。一方隐藏、转移、变卖、损毁、挥霍夫妻共同财产，或者伪造夫妻共同债务企图侵占另一方财产的，在离婚分割夫妻共同财产时，对该方可以少分或者不分财产。

（四）填空题

1. 自主权；自由。（《妇女权益保障法》第61条）
2. 县级以上；职责；救助。（《妇女权益保障法》第65条）
3. 家庭义务。（《妇女权益保障法》第68条）
4. 共有；提起诉讼。（《妇女权益保障法》第69条）

第八章 救济措施

（一）判断题

1. 对侵害妇女合法权益的行为，任何组织和个人都有权予以劝阻、制止或者向有关部门提出控告或者检举。有关部门接到控告或者检举后，应当依法及时处理，并为控告人、检举人保密。（ ）
2. 妇女在农村集体经济组织成员身份确认等方面权益受到侵害的，可以申请县级人民政府等进行协调，或者向人民法院起诉。（ ）
3. 鼓励和支持群团组织、企业事业单位、社会组织和个人参与建设妇女权益保护服务热线，提供妇女权益保护方面的咨询、帮助。（ ）

（二）单项选择题

1. 对符合条件的妇女，当地法律援助机构或者司法机关应当给予帮助，依法为其提供法律援助或者（ ）。

   A. 司法救助　　B. 司法协助

   C. 司法帮助　　D. 司法援助

2. 受害妇女进行诉讼需要帮助的，妇女联合会应当给予（ ）。

   A. 鼓励和帮助　　B. 激励和帮助

   C. 支持和帮助　　D. 声援和帮助

3. 乡镇人民政府应当对村民自治章程、村规民约，村民会议、村民代表会议的决定以及其他涉及村民利益事项的决定进行（ ），对其中违反法律、法规和国家政策规定，侵害妇女合法权益的内容责令改正。

   A. 帮助　　B. 指导

   C. 领导　　D. 指挥

（三）多项选择题

1. 下列关于妇女权益保障的说法正确的是：（ ）

   A. 妇女的合法权益受到侵害的，可以向妇女联合会等妇女组织求助

B. 妇女联合会等妇女组织应当维护被侵害妇女的合法权益，有权要求并协助有关部门或者单位查处

C. 有关部门或者单位应当依法查处，并予以答复

D. 有关部门或者单位不予处理或者处理不当的，县级以上人民政府负责妇女儿童工作的机构、妇女联合会可以向其提出督促处理意见，必要时可以提请同级人民政府开展督查

2. 县级以上人民政府应当开通全国统一的妇女权益保护服务热线，及时（　　）有关侵害妇女合法权益的投诉、举报；有关部门或者单位接到投诉、举报后，应当及时予以处置。

A. 处理　　B. 受理

C. 移送　　D. 报送

（四）填空题

1. 妇女的合法权益受到侵害的，有权要求有关部门依法____，或者依法申请____、仲裁，或者向人民法院____。

2. 用人单位侵害妇女劳动和社会保障权益的，人力资源和社会保障部门可以联合工会、妇女联合会____用人单位，依法进行____并要求其限期纠正。

3. 国家机关、社会团体、企业事业单位对侵害妇女权益的行为，可以____受侵害的妇女向人民法院起诉。

（五）简答题

检察机关可以对哪些侵害妇女合法权益，导致社会公共利益受损的情形依法提起公益诉讼？

参考答案

（一）判断题

1. √，解析：根据《妇女权益保障法》第 72 条规定。

2. ×，解析：根据《妇女权益保障法》第 75 条第 1 款规定，妇女在农村集体经济组织成员身份确认等方面权益受到侵害的，可以申请乡镇人民政府等进行

协调，或者向人民法院起诉。

3. √，解析：根据《妇女权益保障法》第76条规定。

（二）单项选择题

1. A，解析：根据《妇女权益保障法》第72条第3款规定，对符合条件的妇女，当地法律援助机构或者司法机关应当给予帮助，依法为其提供法律援助或者司法救助。
2. C，解析：根据《妇女权益保障法》第73条第2款规定，受害妇女进行诉讼需要帮助的，妇女联合会应当给予支持和帮助。
3. B，解析：根据《妇女权益保障法》第75条第2款规定，乡镇人民政府应当对村民自治章程、村规民约，村民会议、村民代表会议的决定以及其他涉及村民利益事项的决定进行指导，对其中违反法律、法规和国家政策规定，侵害妇女合法权益的内容责令改正；受侵害妇女向农村土地承包仲裁机构申请仲裁或者向人民法院起诉的，农村土地承包仲裁机构或者人民法院应当依法受理。

（三）多项选择题

1. ABCD，解析：根据《妇女权益保障法》第73条第1款规定，妇女的合法权益受到侵害的，可以向妇女联合会等妇女组织求助。妇女联合会等妇女组织应当维护被侵害妇女的合法权益，有权要求并协助有关部门或者单位查处。有关部门或者单位应当依法查处，并予以答复；不予处理或者处理不当的，县级以上人民政府负责妇女儿童工作的机构、妇女联合会可以向其提出督促处理意见，必要时可以提请同级人民政府开展督查。
2. BC，解析：根据《妇女权益保障法》第76条第1款规定，县级以上人民政府应当开通全国统一的妇女权益保护服务热线，及时受理、移送有关侵害妇女合法权益的投诉、举报；有关部门或者单位接到投诉、举报后，应当及时予以处置。

（四）填空题

1. 处理；调解；起诉。（《妇女权益保障法》第72条）
2. 约谈；监督。（《妇女权益保障法》第74条）
3. 支持。（《妇女权益保障法》第78条）

（五）简答题

答：根据《妇女权益保障法》第77条规定，侵害妇女合法权益，导致社会公共利益受损的，检察机关可以发出检察建议；有下列情形之一的，检察机关可以依法提起公益诉讼：（1）确认农村妇女集体经济组织成员身份时侵害妇女权益或者侵害妇女享有的农村土地承包和集体收益、土地征收征用补偿分配权益和宅基地使用权益；（2）侵害妇女平等就业权益；（3）相关单位未采取合理措施预防和制止性骚扰；（4）通过大众传播媒介或者其他方式贬低损害妇女人格；（5）其他严重侵害妇女权益的情形。

第九章　法律责任

（一）判断题

1. 学校、用人单位违反《妇女权益保障法》规定，未采取必要措施预防和制止性骚扰，造成妇女权益受到侵害或者社会影响恶劣的，由上级机关或者主管部门责令改正；拒不改正或者情节严重的，依法对直接负责的主管人员和其他直接责任人员给予处分。（　　）
2. 国家机关及其工作人员未依法履行职责，对侵害妇女权益的行为未及时制止或者未给予受害妇女必要帮助，依法对直接负责的主管人员和其他直接责任人员给予处分。（　　）

（二）单项选择题

1. 违反《妇女权益保障法》第 22 条第 2 款规定，未履行报告义务的，依法对直接负责的主管人员和其他直接责任人员给予（　　）。

   A. 政务处分　　B. 行政处分

   C. 刑事处分　　D. 处分
2. 违反《妇女权益保障法》第 26 条规定，未履行报告等义务的，依法给予警告、责令停业整顿或者吊销营业执照、吊销相关许可证，并处（　　）罚款。

   A. 5000 元以上 3 万元以下

   B. 5000 元以上 5 万元以下

   C. 1 万元以上 3 万元以下

   D. 1 万元以上 5 万元以下
3. 《妇女权益保障法》第 48 条第 3 款规定，用人单位在执行国家退休制度时，不得以性别为由歧视妇女。用人单位违反该款规定的，由（　　）责令改正；拒不改正或者情节严重的，处 1 万元以上 5 万元以下罚款。

   A. 民政部门　　B. 公安部门

   C. 人力资源和社会保障部门　　D. 妇女权益保障部门

（三）多项选择题

1. 违反《妇女权益保障法》规定，通过大众传播媒介或者其他方式贬低损害妇女人格的，由（　　）、新闻出版或者其他有关部门依据各自的职权责令改正，并依法给予行政处罚。

A. 公安　　B. 网信

C. 文化旅游　　D. 广播电视

2. 违反《妇女权益保障法》规定，侵害妇女人身和人格权益、（　　）的，依法责令改正，直接负责的主管人员和其他直接责任人员属于国家工作人员的，依法给予处分。

A. 文化教育权益　　B. 劳动和社会保障权益

C. 财产权益　　D. 婚姻家庭权益

（四）填空题

1. 违反《妇女权益保障法》规定，对妇女实施性骚扰的，由公安机关给予____或者出具____，并由所在单位依法给予处分。

2. 违反《妇女权益保障法》规定，对侵害妇女权益的申诉、控告、检举，____、压制不予查处，或者对提出申诉、控告、检举的人进行____的，依法责令改正，并对直接负责的主管人员和其他直接责任人员给予____。

3. 违反《妇女权益保障法》规定，侵害妇女的合法权益，其他法律、法规规定____处罚的，从其规定；造成财产损失或者人身损害的，依法承担____责任；构成犯罪的，依法追究____责任。

参考答案

（一）判断题

1. √，解析：根据《妇女权益保障法》第 80 条规定。

2. ×，解析：根据《妇女权益保障法》第 84 条第 2 款规定，国家机关及其工作人员未依法履行职责，对侵害妇女权益的行为未及时制止或者未给予受害妇女必要帮助，造成严重后果的，依法对直接负责的主管人员和其他直接责任人员给予处分。

（二）单项选择题

1. D，解析：根据《妇女权益保障法》第79条规定，违反本法第22条第2款规定，未履行报告义务的，依法对直接负责的主管人员和其他直接责任人员给予处分。
2. D，解析：根据《妇女权益保障法》第81条规定，违反本法第26条规定，未履行报告等义务的，依法给予警告、责令停业整顿或者吊销营业执照、吊销相关许可证，并处一万元以上五万元以下罚款。
3. C，解析：根据《妇女权益保障法》第83条规定，用人单位违反本法第43条和第48条规定的，由人力资源和社会保障部门责令改正；拒不改正或者情节严重的，处一万元以上五万元以下罚款。

（三）多项选择题

1. ABCD，解析：根据《妇女权益保障法》第82条规定，违反本法规定，通过大众传播媒介或者其他方式贬低损害妇女人格的，由公安、网信、文化旅游、广播电视、新闻出版或者其他有关部门依据各自的职权责令改正，并依法给予行政处罚。
2. ABCD，解析：根据《妇女权益保障法》第84条第3款规定，违反本法规定，侵害妇女人身和人格权益、文化教育权益、劳动和社会保障权益、财产权益以及婚姻家庭权益的，依法责令改正，直接负责的主管人员和其他直接责任人员属于国家工作人员的，依法给予处分。

（四）填空题

1. 批评教育；告诫书。（《妇女权益保障法》第80条）
2. 推诿、拖延；打击报复；处分。（《妇女权益保障法》第84条）
3. 行政；民事；刑事。（《妇女权益保障法》第85条）

第十章　附　则

单项选择题

《妇女权益保障法》自（　　）起施行。

A. 2023 年 1 月 1 日　　B. 2023 年 2 月 1 日

C. 2023 年 3 月 1 日　　D. 2023 年 4 月 1 日

参考答案

单项选择题

A，解析：根据《妇女权益保障法》第 86 条规定，本法自 2023 年 1 月 1 日起施行。

二、宪　法

（一）判断题

1. 中华人民共和国的一切权力属于公民。(　　)
2. 国家为了公共利益的需要，可以依照法律规定对公民的私有财产实行征收或者征用并给予补偿。(　　)
3. 中华人民共和国公民的住宅不受侵犯。禁止非法搜查或者非法侵入公民的住宅。(　　)
4. 由于国家机关和国家工作人员侵犯公民权利而受到损失的人，有依照法律规定取得补偿的权利。(　　)
5. 劳动是一切有劳动能力的公民的光荣职责，但是老年人的劳动能力已经相对减弱，所以劳动不是老年人的光荣职责。(　　)
6. 中华人民共和国女性劳动者有休息的权利。(　　)
7. 中华人民共和国公民有受教育的权利和义务。(　　)
8. 中华人民共和国妇女在政治的、经济的、文化的、社会的和家庭的生活等各方面享有同男子平等的权利。(　　)
9. 国家保护妇女的权利和利益，实行同工不同酬，保证妇女的劳动报酬高于男子，培养和选拔妇女干部。(　　)
10. 中华人民共和国公民有维护国家统一和全国各民族团结的义务，妇女也不例外。(　　)
11. 民族自治地方的自治机关有管理地方财政的自治权。凡是依照国家财政体制属于民族自治地方的财政收入，都应当由民族自治地方的自治机关自主地安排使用。(　　)
12. 最高人民检察院领导地方各级人民检察院和专门人民检察院的工作，上级人民检察院领导下级人民检察院的工作。(　　)

（二）单项选择题

1. 参加农村集体经济组织的劳动者，有权在法律规定的范围内经营自留地、自留山、（　　）和饲养自留畜。

A. 家庭主业　　B. 自留园

C. 家庭副业　　D. 自留湖

2. 国家保护正常的宗教活动。任何人不得利用宗教进行破坏社会秩序、（　　）、妨碍国家教育制度的活动。

A. 损害公民权利　　B. 损害公民身体健康

C. 损害妇女身体健康　　D. 危害国防利益

3. 中华人民共和国公民的人身自由不受侵犯。任何公民，非经（　　）批准或者决定或者人民法院决定，并由公安机关执行，不受逮捕。

A. 人民检察院　　B. 最高人民检察院

C. 公安机关　　D. 公安部

4. 国家依照法律规定实行企业事业组织的职工和国家机关工作人员的退休制度。（　　）的生活受到国家和社会的保障。

A. 妇女

B. 丧失劳动能力的老年妇女

C. 已达退休年龄但仍在工作的老年人

D. 退休人员

5. 中华人民共和国（　　）有依照法律纳税的义务。

A. 所有人　　B. 人民

C. 青年人、老年人和妇女　　D. 公民

6. 中央军事委员会实行主席负责制。中央军事委员会每届任期同（　　）每届任期相同。

A. 国务院　　B. 中华人民共和国主席

C. 全国人民代表大会　　D. 中央军委会主席

7. 地方国家权力机关是（　　）。

A. 地方各级人民代表大会

B. 地方各级人民代表大会常务委员会

C. 地方各级人民政府

D. 地方各级监察委员会

8. （ ）级以上的地方各级人民代表大会设立常务委员会。

A. 乡镇　　B. 县

C. 市　　D. 省

9. 省、直辖市、设区的市的人民代表大会代表由下一级的人民代表大会选举；县、不设区的市、市辖区、乡、民族乡、镇的人民代表大会代表如何产生？（ ）

A. 由上级人民代表大会任命

B. 由同级人民政府任命

C. 由同级人民政府领导人举荐

D. 由选民直接选举

10. 地方各级人民代表大会每届任期（ ）年。

A. 1　　B. 3

C. 5　　D. 7

11. （ ）的人民代表大会可以依照法律规定的权限采取适合民族特点的具体措施。

A. 民族自治州　　B. 民族乡

C. 民族自治区　　D. 民族自治县

12. （ ）分别选举并且有权罢免本级人民政府的省长和副省长、市长和副市长、县长和副县长、区长和副区长、乡长和副乡长、镇长和副镇长。

A. 地方各级人民代表大会

B. 地方各级人民代表大会常务委员会

C. 上级人民代表大会

D. 上级人民代表大会常务委员会

13. （ ）是最高监察机关。

A. 中华人民共和国监察委员会

B. 中华人民共和国国家监察委员会

C. 中华人民共和国最高监察委员会

D. 国家监察委员会

（三）多项选择题

1. 农村中的（　　）等各种形式的合作经济，是社会主义劳动群众集体所有制经济。

A. 生产　　B. 供销

C. 信用　　D. 消费

2. 城镇中的（　　）、商业、服务业等行业的各种形式的合作经济，都是社会主义劳动群众集体所有制经济。

A. 手工业　　B. 工业

C. 建筑业　　D. 运输业

3. 中华人民共和国公民有（　　）、游行、示威的自由。

A. 言论　　B. 出版

C. 集会　　D. 结社

4. 中华人民共和国公民的人格尊严不受侵犯。禁止用任何方法对公民进行（　　）。

A. 侮辱　　B. 辱骂

C. 诽谤　　D. 诬告陷害

5. 中华人民共和国公民的（　　）受法律的保护。除因国家安全或者追查刑事犯罪的需要，由公安机关或者检察机关依照法律规定的程序对通信进行检查外，任何组织或者个人不得以任何理由侵犯公民的通信自由和通信秘密。

A. 通信方式　　B. 通信自由

C. 通信秘密　　D. 通信对象

6. 中华人民共和国公民在（　　）或者丧失劳动能力的情况下，有从国家和社会获得物质帮助的权利。国家发展为公民享受这些权利所需要的社会保险、社会救济和医疗卫生事业。

A. 年老　　B. 年幼

C. 丧失生活能力　　D. 疾病

7. 中华人民共和国保护华侨的正当的权利和利益，保护（　　）的合法的权利和利益。

A. 归侨　　B. 侨眷

C. 华侨中的妇女　　D. 侨眷中的妇女

8. 中华人民共和国公民在行使自由和权利的时候，不得损害（　　）利益和其他公民的合法的自由和权利。

A. 国家的　　B. 社会的

C. 家庭的　　D. 集体的

9. 下列说法正确的是：（　　）

A. 中华人民共和国公民有维护国家统一和全国各民族团结的义务

B. 中华人民共和国公民必须遵守宪法和法律，保守国家秘密，爱护公共财产，遵守劳动纪律，遵守公共秩序，尊重社会公德

C. 中华人民共和国公民有维护祖国的安全、荣誉和利益的义务，不得有危害祖国的安全、荣誉和利益的行为

D. 保卫祖国、抵抗侵略是中华人民共和国每一个公民的神圣职责

10. 中央军事委员会主席对（　　）负责。

A. 国务院

B. 全国人民代表大会

C. 全国人民代表大会常务委员会

D. 中华人民共和国主席

11. 县级以上的地方各级人民代表大会常务委员会的组成人员不得担任国家（　　）的职务。

A. 行政机关　　B. 监察机关

C. 审判机关　　D. 检察机关

12. 监察机关办理（　　）案件，应当与审判机关、检察机关、执法部门互相配合，互相制约。

A. 贪污腐败　　B. 职务违法

C. 职务犯罪　　D. 职务侵占

（四）填空题

1. 中华人民共和国的一切____属于人民。

2. 农村集体经济组织实行____的双层经营体制。

3. 任何组织或者个人不得侵占、买卖或者以其他形式非法转让土地。土地

的____可以依照法律的规定转让。

4. 凡具有____的人都是中华人民共和国公民。
5. 中华人民共和国年满18周岁的公民，不分民族、种族、性别、职业、家庭出身、宗教信仰、教育程度、财产状况、居住期限，都有选举权和被选举权；但是____的人除外。
6. 中华人民共和国公民有____、____、集会、结社、____、示威的自由。
7. 中华人民共和国公民有____自由。任何国家机关、社会团体和个人不得____公民信仰宗教或者不信仰宗教，不得____信仰宗教的公民和不信仰宗教的公民。
8. 中华人民共和国公民的人格尊严不受____。禁止用任何方法对公民进行____、诽谤和____。
9. 中华人民共和国公民的住宅不受侵犯。禁止____或者____公民的住宅。
10. 中华人民共和国公民对于任何国家机关和国家工作人员，有提出____的权利；对于任何国家机关和国家工作人员的违法失职行为，有向有关国家机关提出____的权利，但是不得捏造或者歪曲事实进行诬告陷害。
11. 中华人民共和国公民有劳动的____。国家通过各种途径，创造劳动就业条件，加强劳动保护，改善劳动条件，并在发展生产的基础上，提高____和福利待遇。
12. 中华人民共和国劳动者有休息的权利。国家发展劳动者休息和休养的设施，规定职工的____和____。
13. 婚姻、家庭、____受国家的保护。夫妻双方有实行____的义务。禁止破坏____自由，禁止虐待老人、____。
14. ____在全国人民代表大会各种会议上的发言和表决，不受法律追究。
15. 国务院设立____，对国务院各部门和地方各级政府的财政收支，对国家的财政金融机构和企业事业组织的财务收支，进行审计监督。
16. 地方各级人民政府是地方各级国家权力机关的____，是地方各级国家行政机关。
17. 民族自治地方的自治机关在____的指导下，自主地安排和管理地方性的经济建设事业。
18. 中华人民共和国国旗是____。中华人民共和国国歌是____。

参考答案

（一）判断题

1. ×，解析：根据《宪法》第2条第1款规定，中华人民共和国的一切权力属于人民。
2. √，解析：根据《宪法》第13条规定。
3. √，解析：根据《宪法》第39条规定。
4. ×，解析：根据《宪法》第41条第3条规定，由于国家机关和国家工作人员侵犯公民权利而受到损失的人，有依照法律规定取得赔偿的权利。
5. ×，解析：根据《宪法》第42条第3款规定，劳动是一切有劳动能力的公民的光荣职责。国有企业和城乡集体经济组织的劳动者都应当以国家主人翁的态度对待自己的劳动。国家提倡社会主义劳动竞赛，奖励劳动模范和先进工作者。国家提倡公民从事义务劳动。
6. ×，解析：根据《宪法》第43条第1款规定，中华人民共和国劳动者有休息的权利。
7. √，解析：根据《宪法》第46条规定。
8. √，解析：根据《宪法》第48条规定。
9. ×，解析：根据《宪法》第48条第2款规定，国家保护妇女的权利和利益，实行男女同工同酬，培养和选拔妇女干部。
10. √，解析：根据《宪法》第52条规定。
11. √，解析：根据《宪法》第117条规定。
12. √，解析：根据《宪法》第137条规定。

（二）单项选择题

1. C，解析：根据《宪法》第8条第1款规定，农村集体经济组织实行家庭承包经营为基础、统分结合的双层经营体制。农村中的生产、供销、信用、消费等各种形式的合作经济，是社会主义劳动群众集体所有制经济。参加农村集体经济组织的劳动者，有权在法律规定的范围内经营自留地、自留山、家庭副业和饲养自留畜。
2. B，解析：根据《宪法》第36条第3款规定，国家保护正常的宗教活动。任何人不得利用宗教进行破坏社会秩序、损害公民身体健康、妨碍国家教育制度的活动。

3. A，解析：根据《宪法》第37条规定，中华人民共和国公民的人身自由不受侵犯。任何公民，非经人民检察院批准或者决定或者人民法院决定，并由公安机关执行，不受逮捕。禁止非法拘禁和以其他方法非法剥夺或者限制公民的人身自由，禁止非法搜查公民的身体。

4. D，解析：根据《宪法》第44条规定，国家依照法律规定实行企业事业组织的职工和国家机关工作人员的退休制度。退休人员的生活受到国家和社会的保障。

5. D，解析：根据《宪法》第56条规定，中华人民共和国公民有依照法律纳税的义务。

6. C，解析：根据《宪法》第93条规定，中华人民共和国中央军事委员会领导全国武装力量。中央军事委员会由下列人员组成：主席，副主席若干人，委员若干人。中央军事委员会实行主席负责制。中央军事委员会每届任期同全国人民代表大会每届任期相同。

7. A，解析：根据《宪法》第96条规定，地方各级人民代表大会是地方国家权力机关。县级以上的地方各级人民代表大会设立常务委员会。

8. B，解析：根据《宪法》第96条规定，地方各级人民代表大会是地方国家权力机关。县级以上的地方各级人民代表大会设立常务委员会。

9. D，解析：根据《宪法》第97条规定，省、直辖市、设区的市的人民代表大会代表由下一级的人民代表大会选举；县、不设区的市、市辖区、乡、民族乡、镇的人民代表大会代表由选民直接选举。地方各级人民代表大会代表名额和代表产生办法由法律规定。

10. C，解析：根据《宪法》第98条规定，地方各级人民代表大会每届任期5年。

11. B，解析：根据《宪法》第99条第3款规定，民族乡的人民代表大会可以依照法律规定的权限采取适合民族特点的具体措施。

12. A，解析：根据《宪法》第101条第1款规定，地方各级人民代表大会分别选举并且有权罢免本级人民政府的省长和副省长、市长和副市长、县长和副县长、区长和副区长、乡长和副乡长、镇长和副镇长。

13. B，解析：根据《宪法》第125条规定，中华人民共和国国家监察委员会是最高监察机关。国家监察委员会领导地方各级监察委员会的工作，上级监察委员会领导下级监察委员会的工作。

（三）多项选择题

1. ABCD，解析：根据《宪法》第8条第1款规定，农村集体经济组织实行家庭承包经营为基础、统分结合的双层经营体制。农村中的生产、供销、信用、消费等各种形式的合作经济，是社会主义劳动群众集体所有制经济。参加农村集体经济组织的劳动者，有权在法律规定的范围内经营自留地、自留山、家庭副业和饲养自留畜。

2. ABCD，解析：根据《宪法》第8条第2款规定，城镇中的手工业、工业、建筑业、运输业、商业、服务业等行业的各种形式的合作经济，都是社会主义劳动群众集体所有制经济。
3. ABCD，解析：根据《宪法》第35条规定，中华人民共和国公民有言论、出版、集会、结社、游行、示威的自由。
4. ACD，解析：根据《宪法》第38条规定，中华人民共和国公民的人格尊严不受侵犯。禁止用任何方法对公民进行侮辱、诽谤和诬告陷害。
5. BC，解析：根据《宪法》第40条规定，中华人民共和国公民的通信自由和通信秘密受法律的保护。除因国家安全或者追查刑事犯罪的需要，由公安机关或者检察机关依照法律规定的程序对通信进行检查外，任何组织或者个人不得以任何理由侵犯公民的通信自由和通信秘密。
6. AD，解析：根据《宪法》第45条第1款规定，中华人民共和国公民在年老、疾病或者丧失劳动能力的情况下，有从国家和社会获得物质帮助的权利。国家发展为公民享受这些权利所需要的社会保险、社会救济和医疗卫生事业。
7. AB，解析：根据《宪法》第50条规定，中华人民共和国保护华侨的正当的权利和利益，保护归侨和侨眷的合法的权利和利益。
8. ABD，解析：根据《宪法》第51条规定，中华人民共和国公民在行使自由和权利的时候，不得损害国家的、社会的、集体的利益和其他公民的合法的自由和权利。
9. ABCD，解析：根据《宪法》第52、53、54、55条分别规定，中华人民共和国公民有维护国家统一和全国各民族团结的义务。中华人民共和国公民必须遵守宪法和法律，保守国家秘密，爱护公共财产，遵守劳动纪律，遵守公共秩序，尊重社会公德。中华人民共和国公民有维护祖国的安全、荣誉和利益的义务，不得有危害祖国的安全、荣誉和利益的行为。保卫祖国、抵抗侵略是中华人民共和国每一个公民的神圣职责。依照法律服兵役和参加民兵组织是中华人民共和国公民的光荣义务。
10. BC，解析：根据《宪法》第94条规定，中央军事委员会主席对全国人民代表大会和全国人民代表大会常务委员会负责。

11. ABCD，解析：根据《宪法》第 103 条第 3 款规定，县级以上的地方各级人民代表大会常务委员会的组成人员不得担任国家行政机关、监察机关、审判机关和检察机关的职务。

12. BC，解析：根据《宪法》第 127 条第 2 款规定，监察机关办理职务违法和职务犯罪案件，应当与审判机关、检察机关、执法部门互相配合，互相制约。

（四）填空题

1. 权力。（《宪法》第 2 条）
2. 家庭承包经营为基础、统分结合。（《宪法》第 8 条）
3. 使用权。（《宪法》第 10 条）
4. 中华人民共和国国籍。（《宪法》第 33 条）
5. 依照法律被剥夺政治权利。（《宪法》第 34 条）
6. 言论；出版；游行。（《宪法》第 35 条）
7. 宗教信仰；强制；歧视。（《宪法》第 36 条）
8. 侵犯；侮辱；诬告陷害。（《宪法》第 38 条）
9. 非法搜查；非法侵入。（《宪法》第 39 条）
10. 批评和建议；申诉、控告或者检举。（《宪法》第 41 条）
11. 权利和义务；劳动报酬。（《宪法》第 42 条）
12. 工作时间；休假制度。（《宪法》第 43 条）
13. 母亲和儿童；计划生育；婚姻；妇女和儿童。（《宪法》第 49 条）
14. 全国人民代表大会代表。（《宪法》第 75 条）
15. 审计机关。（《宪法》第 91 条）
16. 执行机关。（《宪法》第 105 条）
17. 国家计划。（《宪法》第 118 条）
18. 五星红旗；《义勇军进行曲》。（《宪法》第 141 条）

三、民法典

（一）判断题

1. 民事主体从事民事活动，应当遵循诚信原则，秉持诚实，恪守承诺。（　　）
2. 自然人从出生时起到死亡时止，具有民事权利能力，依法享有民事权利，承担民事义务。（　　）
3. 不能完全辨认自己行为的成年人可以独立实施与其智力、精神健康状况相适应的民事法律行为。（　　）
4. 成年子女对父母负有抚养、扶助和保护的义务。（　　）
5. 依法负担被监护人抚养费、赡养费、扶养费的父母、子女、配偶等，被人民法院撤销监护人资格后，应当继续履行负担的义务。（　　）
6. 失踪人的财产由其配偶、成年子女、父母或者其他愿意担任财产代管人的人代管。（　　）
7. 被宣告死亡的人在被宣告死亡期间，其子女被他人依法收养的，在死亡宣告被撤销后，可以以未经本人同意为由主张收养行为无效。（　　）
8. 农村承包经营户的债务，以从事农村土地承包经营的农户财产承担；事实上由农户部分成员经营的，以该部分成员的财产承担。（　　）
9. 自然人因婚姻家庭关系等产生的人身权利受法律保护。（　　）
10. 民事法律行为可以采用书面形式、口头形式或者其他形式。（　　）
11. 基于虚假的意思表示实施的民事法律行为，行为人有权请求人民法院或者仲裁机构予以撤销。（　　）
12. 代理人不得以被代理人的名义与自己实施民事法律行为，但是被代理人同意或者追认的除外。（　　）
13. 因当事人一方的违约行为，损害对方人身权益、财产权益的，受损害方有权选择请求其承担违约责任和侵权责任。（　　）

14. 无民事行为能力人或者限制民事行为能力人对其法定代理人的请求权的诉讼时效期间，自该法定代理终止之日起计算。(　　)
15. 业主转让建筑物内的住宅、经营性用房，其对共有部分享有的共有和共同管理的权利可以分别转让。(　　)
16. 业主可以自行管理建筑物及其附属设施，也可以委托物业服务企业或者其他管理人管理。(　　)
17. 处分共有的不动产，应当经占份额 3/4 以上的按份共有人或者全体共同共有人同意，但是共有人之间另有约定的除外。(　　)
18. 因不动产或者动产被征收、征用致使用益物权消灭或者影响用益物权行使的，用益物权人有权依据《民法典》的相关规定获得相应补偿。(　　)
19. 因自然灾害严重毁损承包地等特殊情形，需要适当调整承包的耕地和草地的，应当依照农村土地承包的法律规定办理。(　　)
20. 已经登记的宅基地使用权转让或者消灭的，应当及时办理变更登记或者注销登记。(　　)
21. 债务人不履行到期债务，致使抵押财产被人民法院依法扣押的，自扣押之日起，抵押权人有权收取该抵押财产的天然孳息或者法定孳息，但是抵押权人未通知应当清偿法定孳息义务人的除外。(　　)
22. 自债务人的行为发生之日起 3 年内没有行使撤销权的，该撤销权消灭。(　　)
23. 债务人对同一债权人负担的数项债务种类相同，债务人的给付不足以清偿全部债务的，除当事人另有约定外，由债务人在清偿时指定其履行的债务。(　　)
24. 借款合同中，借款人对支付利息的期限没有约定或者约定不明确的，可以签订补充协议。(　　)
25. 管理人管理事务经受益人事后追认的，从管理事务开始时起，适用委托合同的有关规定，但是管理人另有意思表示的除外。(　　)
26. 民事主体享有生命权、身体权、健康权、姓名权、名称权、肖像权、名誉权、荣誉权、隐私权等权利和基于人身自由、人格尊严产生的其他人格权益。(　　)

27. 所有的民事主体都享有生命权，有权维护自己的生命安全和生命尊严。任何组织或者个人不得侵害。（　　）
28. 任何组织或者个人不得以干涉、盗用、假冒等方式侵害他人的姓名权或者名称权。（　　）
29. 报刊、网络等媒体报道的内容失实，侵害他人名誉权的，受害人有权请求该媒体及时采取更正或者删除等必要措施。（　　）
30. 我国实行婚姻自由、一夫一妻、男女平等的婚姻制度。（　　）
31. 小赵（男）今年 20 周岁，小曲（女）今年 18 周岁，二人不能登记结婚。（　　）
32. 夫妻在婚姻家庭关系中地位平等。（　　）
33. 父母再婚的，子女对父母的赡养义务自父母再婚之日起终止。（　　）
34. 离婚后，男女双方自愿恢复婚姻关系的，应当到婚姻登记机关重新进行结婚登记。（　　）
35. 未成年人的父母均不具备完全民事行为能力的，该未成年人的监护人可以将其送养。（　　）
36. 养父母与成年养子女关系恶化、无法共同生活的，可以协议解除收养关系。（　　）
37. 遗产是自然人死亡时遗留的财产。（　　）
38. 被继承人的子女先于被继承人死亡的，由被继承人的子女的直系血亲代位继承。（　　）
39. 遗产分割的时间、办法和份额，由继承人协商确定；协商不成的，可以申请仲裁或者向人民法院提起诉讼。（　　）
40. 打印遗嘱的，遗嘱人和见证人需在遗嘱首页和最后一页签名并注明年、月、日。（　　）
41. 立有数份遗嘱，内容相抵触的，抵触的部分均不发生法律效力。（　　）
42. 遗产管理人因故意或者重大过失造成继承人损害的，应当承担民事责任。（　　）
43. 无人继承又无人受遗赠的遗产，一律上缴国库，归国家所有。（　　）
44. 自愿参加具有一定风险的文体活动因其他参加者的行为受到损害的，受害人无权请求其他参加者承担侵权责任。（　　）

45. 侵害他人人身权益造成财产损失的，只能按照被侵权人因此受到的损失赔偿。(　　)
46. 限制民事行为能力人造成他人损害，监护人尽到监护责任的，可以免除其侵权责任。(　　)
47. 因产品存在缺陷造成他人损害的，生产者应当承担侵权责任。(　　)
48. 违反管理规定，未对动物采取安全措施造成他人损害的，动物饲养人或者管理人应当承担侵权责任；但是，能够证明损害是因被侵权人故意造成的，可以减轻责任。(　　)

(二) 单项选择题

1. 民法调整平等主体的（　　）的人身关系和财产关系。

A. 自然人、法人和非法人组织之间

B. 法人和非法人组织之间

C. 自然人和法人之间

D. 自然人和非法人组织之间

2. 自然人的（　　）一律平等。

A. 民事能力　　B. 民事权利能力

C. 民事义务　　D. 民事行为能力

3. 不满（　　）周岁的自然人为未成年人。

A. 17　　B. 18

C. 19　　D. 20

4. 被监护人的（　　）担任监护人的，可以通过遗嘱指定监护人。

A. 祖父母　　B. 父母

C. 子女　　D. 兄、姐

5. 具有完全民事行为能力的成年人，可以与其近亲属、其他愿意担任监护人的个人或者组织事先协商，以（　　）形式确定自己的监护人。

A. 书面　　B. 口头

C. 书面或者口头　　D. 公证

6. 自然人下落不明满（　　）年的，利害关系人可以向人民法院申请宣告该自然人为失踪人。

A. 1　　B. 2

C. 3　　D. 4

7. 自然人被宣告死亡但是并未死亡的，其在被宣告死亡期间实施的民事法律行为（　　）。

A. 有效　　B. 待定

C. 可追认　　D. 无效

8. 农村集体经济组织的成员，依法取得（　　），从事家庭承包经营的，为农村承包经营户。

A. 农村土地承包经营权　　B. 农村土地经营权

C. 农村土地使用权　　D. 农村土地承包权

9. 为了（　　）的需要，依照法律规定的权限和程序征收、征用不动产或者动产的，应当给予公平、合理的补偿。

A. 社会利益　　B. 集体利益

C. 公共利益　　D. 国家利益

10. 下列关于民事法律行为的说法错误的是：（　　）

A. 民事法律行为是民事主体通过意思表示设立、变更、终止民事法律关系的行为

B. 民事法律行为可以基于双方或者多方的意思表示一致成立

C. 民事法律行为不可以基于单方的意思表示成立

D. 法人依照章程规定的议事方式和表决程序作出决议的，该决议行为成立

11. 当事人自民事法律行为发生之日起（　　）没有行使撤销权的，撤销权消灭。

A. 5 年内　　B. 1 年内

C. 6 个月内　　D. 3 年内

12. 下列关于附条件的民事法律行为的说法错误的是：（　　）

A. 民事法律行为可以附条件

B. 附生效条件的民事法律行为，自条件成就时生效

C. 所有的民事法律行为都可以附条件

D. 附解除条件的民事法律行为，自条件成就时失效

13. 不可抗力是（　　）的客观情况。

A. 不能预见且不能克服

B. 不能避免且不能克服

C. 不能预见且不能避免

D. 不能预见、不能避免且不能克服

14. 自权利受到损害之日起超过（　　）的，人民法院不予保护，有特殊情况的，人民法院可以根据权利人的申请决定延长。

A. 5 年　　B. 10 年

C. 20 年　　D. 30 年

15. 不动产物权的设立，依照法律规定应当登记的，自（　　）时发生效力。

A. 不动产物权交付

B. 取得不动产权属证书

C. 记载于不动产登记簿

D. 不动产物权合同签订

16. 关于建筑物区分所有权，以下说法错误的是：（　　）

A. 业主对建筑物内的住宅专有部分享有所有权

B. 业主对建筑物内的经营性用房专有部分享有所有权

C. 业主对建筑物内的住宅共有部分享有所有权

D. 业主对专有部分以外的共有部分享有共有和共同管理的权利

17. 关于按份共有的优先购买权，以下说法错误的是：（　　）

A. 按份共有人转让其享有的共有的不动产的，应当将转让条件及时通知其他共有人

B. 其他共有人应当在合理期限内行使优先购买权

C. 两个以上其他共有人主张行使优先购买权的，协商确定各自的购买比例

D. 协商不成的，由转让时共有份额多的共有人行使优先购买权

18. 关于承包期，以下说法错误的是：（　　）

A. 耕地的承包期为 50 年

B. 草地的承包期为 30 年至 50 年

C. 林地的承包期为 30 年至 70 年

D. 承包期限届满，由土地承包经营权人依照农村土地承包的法律规定继续承包

19. 关于住宅建设用地使用权期限，以下说法错误的是：（ ）

A. 住宅建设用地使用权期限届满的，依照法律、行政法规和规章的规定续期

B. 续期费用的缴纳或者减免，依照法律、行政法规的规定办理

C. 非住宅建设用地使用权期限届满后的续期，依照法律规定办理

D. 该土地上的房屋及其他不动产的归属，有约定的，按照约定

20. 关于宅基地使用权，以下说法错误的是：（ ）

A. 宅基地使用权人依法对集体所有的土地享有占有和使用的权利，有权依法利用该土地建造住宅及其附属设施

B. 宅基地使用权的取得、行使和转让，适用土地管理的法律和国家有关规定

C. 宅基地因自然灾害等原因灭失的，宅基地使用权消灭。对失去宅基地的村民，应当重新出让宅基地

D. 已经登记的宅基地使用权转让或者消灭的，应当及时办理变更登记或者注销登记

21. 关于居住权的设立，以下说法错误的是：（ ）

A. 设立居住权，当事人应当采用书面形式订立居住权合同

B. 居住权无偿设立，但是当事人另有约定的除外

C. 设立居住权的，应当向登记机构申请居住权登记

D. 居住权自合同订立时设立

22. 下列关于要约撤销的说法，正确的是：（ ）

A. 撤销要约的通知应当与要约同时到达受要约人

B. 要约人确定承诺期限的，该要约不得撤销

C. 受要约人有理由认为要约是不可撤销，该要约即不得撤销

D. 要约人明示要约不可撤销，但受要约人尚未开始为履行合同作准备的，该要约可以撤销

23. 在下列情形中，格式条款并非当然无效的是：（ ）

A. 提供格式条款方免除其责任

B. 提供格式条款方加重对方责任

C. 提供格式条款方排除对方主要权利

D. 对格式条款的理解发生争议

24. 以下不属于合同中免责条款无效的有：(　　)

A. 造成对方人身伤害的

B. 因故意造成对方财产损失的

C. 因过失造成对方财产损失的

D. 因重大过失造成对方财产损失的

25. 以下关于预期违约责任的表述，正确的是：(　　)

A. 当事人一方明确表示不履行合同义务的，对方可以在履行期限届满前要求其承担违约责任

B. 当事人一方以自己的行为表明不履行合同义务的，对方可以在履行期限届满之时请求其承担违约责任

C. 当事人一方明确表示不履行合同义务的，对方可以在履行期限届满之时请求其承担违约责任

D. 当事人一方以自己的行为表明不履行合同义务的，对方可以在履行期限届满之后请求其承担违约责任

26. 关于债权人拒绝受领，以下表述正确的是：(　　)

A. 债务人按照约定履行债务，债权人拒绝受领的，债务人可以请求债权人赔偿增加的费用

B. 在债权人受领迟延期间，债务人应当支付利息

C. 债务人按照约定履行债务，债权人无正当理由拒绝受领的，债务人可以请求债权人赔偿费用

D. 在债权人受领迟延期间，债务人无须支付利息

27. 借款合同中，利息预先在本金中扣除的，应当按照（　　）返还借款并计算利息。

A. 借款本金　　B. 合同约定数额

C. 实际借款数额　　D. 借款本息

28. 无因管理中，关于管理人的义务，下列哪项说法是错误的？(　　)

A. 管理人管理他人事务，应当采取有利于受益人的方法

B. 管理人管理他人事务，能够通知受益人的，应当及时通知受益人

C. 管理结束后，管理人应当向受益人报告管理事务的情况

D. 管理人管理事务后，不得中断管理

29. 因当事人一方的违约行为，损害对方人格权并造成严重精神损害，以下表述正确的是：（　　）

A. 受损害方只能选择请求精神损害赔偿

B. 受损害方只能选择请求精神损害赔偿请求其承担违约责任

C. 承担违约责任不足以弥补受损害方的，可以选择请求精神损害赔偿

D. 受损害方选择请求其承担违约责任的，不影响受损害方请求精神损害赔偿

30. 以下关于人体捐献的表述，错误的是：（　　）

A. 任何组织或者个人不得强迫、欺骗、利诱完全民事行为能力人对人体细胞、人体组织、人体器官、遗体捐献

B. 完全民事行为能力人有权依法自主决定有偿捐献其人体细胞、人体组织、人体器官、遗体

C. 自然人生前未表示不同意捐献的，该自然人死亡后，其配偶、成年子女、父母可以共同决定捐献

D. 完全民事行为能力人依法同意捐献的，可以采取订立遗嘱的形式

31. 关于姓名权、名称权有关手续及法律效力，下列表述错误的是：（　　）

A. 自然人决定、变更姓名，应当依法向有关机关办理登记手续，但是法律另有规定的除外

B. 法人、非法人组织决定、变更、转让名称的，应当依法向有关机关办理登记手续，但是法律另有规定的除外

C. 民事主体变更姓名、名称的，变更前实施的民事法律行为自登记之日起对其不再具有法律约束力

D. 民事主体变更姓名、名称的，变更前实施的民事法律行为对其具有法律约束力

32. 下列哪项不属于被禁止的婚姻家庭行为？（　　）

A. 无配偶者与他人同居　　B. 重婚

C. 家庭暴力　　D. 遗弃子女

33. 下列哪一选项不违反结婚自愿？（　　）

A. 甲男所在单位认为甲的结婚对象构成对单位的重大利益冲突，要求甲重新考虑结婚事宜

B. 乙女与男方结婚是因为男方表示如果不和他登记他可能会自杀

C. 丙女的父亲召集亲友商量女儿婚事，并发表看法和建议

D. 丁女的母亲为女儿结婚向家境极度困难的男方家里要求婚前给付大量彩礼

34. 关于夫妻之间的家事代理，表述错误的是：（　　）

A. 夫妻一方因家庭日常生活需要而实施的民事法律行为，原则上对夫妻双方发生效力

B. 夫妻一方因家庭日常生活需要而实施的民事法律行为，夫妻一方与相对人另有约定，按照约定

C. 夫妻之间对一方可以实施的民事法律行为范围的限制，不得对抗善意相对人

D. 夫妻之间对一方可以实施的民事法律行为范围的限制，不得对抗相对人

35. 婚姻关系存续期间，在下列哪一情况下，夫妻一方不能向人民法院请求分割共同财产？（　　）

A. 一方隐藏夫妻共同财产

B. 一方毁损夫妻共同财产

C. 一方伪造夫妻共同债务

D. 一方朋友患有重大疾病，另一方不同意支付医疗费用

36. 下列关于协议离婚的说法，哪一项是正确的？（　　）

A. 应当签订书面离婚协议

B. 可以委托代理律师到婚姻登记机关办理

C. 离婚协议写明自愿离婚即可

D. 离婚协议应当载明双方各自对财产以及债务处理的意见

37. 下列关于收养子女数量的说法，哪一项是正确的？（　　）

A. 无子女的收养人只能收养 1 名子女

B. 有子女的收养人不能收养子女

C. 无子女的收养人可以收养 2 名子女

D. 有子女的收养人可以收养不超过 2 名子女

38. 收养关系解除后，关于养子女与养父母的关系，下列哪一说法是正确的？（　）

A. 收养关系解除后，成年养子女无需给付养父母生活费

B. 收养关系解除后，成年养子女仍应当给付养父母生活费

C. 因养子女成年后虐待、遗弃养父母而解除收养关系的，养父母可以要求养子女补偿收养期间支出的抚养费

D. 生父母要求解除收养关系的，养父母不能主张生父母对其进行补偿

39. 以下关于遗产的表述，正确的是：（　　）

A. 遗产是自然人遗留的财产

B. 只有个人合法财产才能作为遗产

C. 法律、行政法规规定不得继承的遗产，不得继承

D. 根据性质不得继承的遗产，不得继承

40. 关于继承，以下哪个表述是正确的？（　　）

A. 继承权男女平等

B. 同一顺序继承人继承遗产的份额应当均等

C. 第一顺序继承人部分缺位的，可以第二顺序继承人继承

D. 继承开始后，由第一顺序继承人和第二顺序继承人按比例继承

41. 自书遗嘱中可以不包括的事项是：（　　）

A. 遗嘱人亲笔书写内容

B. 遗嘱人签名

C. 遗嘱人按手印

D. 遗嘱人注明年、月、日

42. 关于遗嘱的撤回、变更及其效力，以下表述正确的是：（　　）

A. 遗嘱人可以撤回遗嘱

B. 遗嘱人可以立数份遗嘱

C. 遗嘱人不得实施与遗嘱内容相反的民事法律行为

D. 遗嘱人可以变更遗嘱

43. 继承开始后，有义务向继承人通知被继承人死亡的消息的主体不包括：（　　）

A. 知道被继承人死亡的继承人

B. 被继承人生前所在单位

C. 被继承人生前住所地的民政部门

D. 被继承人生前住所地的村民委员会

44. 关于遗赠扶养协议，以下表述错误的是：（　　）

A. 遗赠扶养协议的扶养人应该在法定继承人顺序范围内选取

B. 遗赠扶养协议的扶养人承担生养死葬的义务

C. 遗赠扶养协议的扶养人享有接受遗赠的权利

D. 同时存在有效的遗嘱、遗赠扶养协议的，优先按照遗赠扶养协议办理

45. 关于共同危险行为人的侵权责任构成要件及责任承担，以下表述错误的是：（　　）

A. 二人以上实施危及他人人身、财产安全的行为

B. 其中一人或者数人的行为造成了他人损害

C. 能够确定具体侵权人的，由侵权人承担责任

D. 不能确定具体侵权人的，行为人平均承担责任

46. 关于公平责任的要件及损失分担，以下表述错误的是：（　　）

A. 受害人对损害的发生没有过错

B. 行为人对损害的发生没有过错

C. 依照法律规定由双方分担损失

D. 依照双方的约定分担损失

47. 个人之间的劳务关系中，提供劳务一方因劳务受到损害的，关于侵权责任的承担，下列哪一说法是正确的？（　　）

A. 提供劳务一方应当自行承担损害后果

B. 接受劳动一方可以视情况给予提供劳动一方补偿

C. 接受劳务一方应当承担全部责任

D. 根据双方各自的过错承担相应的责任

48. 机动车发生交通事故造成损害，属于机动车一方责任的，关于赔偿责任的承担，下列哪一说法是错误的？（　　）

A. 机动车所有人、管理人与使用人不是同一人的，由机动车使用人承担赔偿责任

B. 机动车所有人、管理人对损害的发生有过错的，承担相应的赔偿责任

C. 机动车所有人、管理人与使用人不是同一人的，由机动车使用人和机动车所有人、管理人承担连带赔偿责任

D. 机动车已经转让并交付，但未办理登记的，由受让人承担赔偿责任

49. 因第三人的过错致使动物造成他人损害的，关于侵权责任的承担，下列哪一说法是错误的？(　　)

A. 被侵权人可以向动物饲养人请求赔偿

B. 被侵权人可以向第三人请求赔偿

C. 被侵权人可以向管理人请求赔偿

D. 动物饲养人或者管理人赔偿后，无权向第三人追偿

(三) 多项选择题

1. 我国民法的基本原则有：(　　)

A. 平等、自愿、公平原则

B. 诚信原则

C. 守法与公序良俗原则

D. 绿色原则

2. 下列可以证明自然人出生时间的有：(　　)

A. 出生证明记载的时间

B. 户籍登记的时间

C. 身份证登记的时间

D. 军人身份证件登记的时间

3. 8 周岁以上的未成年人可以独立实施的民事法律行为有：(　　)

A. 纯获利益的民事法律行为

B. 与其年龄相适应的民事法律行为

C. 与其智力相适应的民事法律行为

D. 与其精神健康状况相适应的民事法律行为

4. 以下关于自然人住所地的表述，正确的是：（　　）

A. 自然人以户籍登记的居所为住所

B. 自然人以其不动产权证书登记载明的居所为住所

C. 自然人以其他有效身份登记记载的居所为住所

D. 经常居所与住所不一致的，经常居所视为住所

5. 指定监护人前，被监护人的人身权利、财产权利以及其他合法权益处于无人保护状态的，由被监护人住所地的（　　）担任临时监护人。

A. 居民委员会　　B. 村民委员会

C. 民政部门　　D. 法律规定的有关组织

6. 自然人在战争期间下落不明的，下落不明的时间自（　　）之日起计算。

A. 利害关系人确定的下落不明

B. 失去音讯

C. 战争结束

D. 有关机关确定的下落不明

7. 被宣告死亡的人重新出现，经（　　）申请，人民法院应当撤销死亡宣告。

A. 民政部门　　B. 基层人民政府

C. 本人　　D. 利害关系人

8. 下列关于个体工商户的说法正确的是：（　　）

A. 自然人从事工商业经营，经依法登记，为个体工商户

B. 个体工商户应当起字号

C. 个体工商户的债务，以家庭财产承担

D. 个体工商户的债务，个人经营的，以个人财产承担

9. 任何组织或者个人需要获取他人个人信息的，应当依法取得并确保信息安全，不得非法（　　）他人个人信息，不得非法买卖、提供或者公开他人个人信息。

A. 收集　　B. 使用

C. 加工　　D. 传输

10. 下列关于意思表示的生效时间的说法正确的是：（　　）

A. 以对话方式作出的意思表示，相对人知道其内容时生效

B. 以非对话方式作出的意思表示，到达相对人时生效

C. 无相对人的意思表示，表示完成时生效

D. 以公告方式作出的意思表示，公告发布时生效

11. 限制民事行为能力人实施的（ ）民事法律行为有效。

A. 纯获利益的

B. 与其年龄、智力、精神健康状况相适应的

C. 经法定代理人追认的

D. 经法定代理人同意的

12. 以下哪些民事法律行为可以请求人民法院或者仲裁机构予以撤销?（ ）

A. 一方利用对方处于危困状态、缺乏判断能力等情形，致使民事法律行为成立时显失公平的

B. 第三人实施欺诈行为，使一方在违背真实意思的情况下实施的民事法律行为，对方知道或者应当知道该欺诈行为的

C. 一方或者第三人以胁迫手段，使对方在违背真实意思的情况下实施的民事法律行为

D. 一方以欺诈手段，使对方在违背真实意思的情况下实施的民事法律行为

13. 下列关于责任承担的说法正确的是：（ ）

A. 二人以上依法承担按份责任，能够确定责任大小的，各自承担相应的责任

B. 二人以上依法承担按份责任，难以确定责任大小的，平均承担责任

C. 二人以上依法承担连带责任的，权利人有权请求部分连带责任人承担责任

D. 二人以上依法承担连带责任的，连带责任人的责任份额根据各自责任大小确定

14. 下列不适用诉讼时效的是：（ ）

A. 请求停止侵害　　B. 请求排除妨碍

C. 请求消除危险　　D. 请求支付抚养费

15. 关于预告登记，以下说法正确的是：（　　）

A. 当事人签订买卖房屋的协议或者签订其他不动产物权的协议，为保障将来实现物权，按照约定可以向登记机构申请预告登记

B. 预告登记后，未经预告登记的权利人同意，处分该不动产的，不发生物权效力

C. 预告登记后，债权消灭或者自能够进行不动产登记之日起 90 日内未申请登记的，预告登记失效

D. 预告登记后，债权消灭或者自能够进行不动产登记之日起 180 日内未申请登记的，预告登记失效

16. 关于业主大会、业主委员会的决定，以下说法正确的是：（　　）

A. 业主大会的决定，对业主具有法律约束力

B. 业主大会或者业主委员会作出的决定侵害业主合法权益的，受侵害的业主可以请求人民法院予以撤销

C. 业主委员会的决定，对业主具有法律约束力

D. 业主大会或者业主委员会作出的决定侵害业主合法权益的，任何业主均可以请求人民法院予以撤销

17. 关于共有人对共有物的管理费用以及其他负担的分担，以下说法正确的是：（　　）

A. 有约定的，按照其约定

B. 没有约定的，按份共有人按照其份额负担

C. 没有约定的，共同共有人共同负担

D. 约定不明确的，按份共有人平均负担

18. 关于土地承包经营权互换和转让，以下说法正确的是：（　　）

A. 土地承包经营权人依照法律规定，有权将土地承包经营权互换、转让

B. 未经依法批准，不得将承包地用于非农建设

C. 土地承包经营权互换、转让的，当事人可以向登记机构申请登记

D. 未经登记，不得对抗善意第三人

19. 关于抵押权的顺位，以下说法正确的是：（　　）

A. 抵押权人不得放弃抵押权或者抵押权的顺位

B. 抵押权人与抵押人可以协议变更抵押权顺位，但是，抵押权的变更未

经其他抵押权人书面同意，不得对其他抵押权人产生不利影响

C. 抵押权人与抵押人可以协议变更被担保的债权数额。但是，抵押权的变更未经其他抵押权人书面同意的，不得对其他抵押权人产生不利影响

D. 债务人以自己的财产设定抵押，抵押权人放弃该抵押权、抵押权顺位或者变更抵押权的，其他担保人在抵押权人丧失优先受偿权益的范围内免除担保责任，但是其他担保人承诺仍然提供担保的除外

20. 关于承诺，下列说法正确的是：（　　）

A. 承诺可以超越要约确定的期限内到达要约人

B. 承诺应当在要约确定的期限内到达要约人

C. 要约以对话方式作出的，应当即时作出承诺

D. 要约以非对话方式作出的，承诺应当在合理期限内到达

21. 当事人在订立合同过程中有下列哪些情形，造成对方损失的，应当承担赔偿责任：（　　）

A. 假借订立合同，恶意进行磋商

B. 故意隐瞒与订立合同有关的重要事实或者提供虚假情况

C. 过失隐瞒与订立合同有关的重要事实或者提供虚假情况

D. 隐瞒非重要事实

22. 债权人分立、合并或者变更住所没有通知债务人，致使履行债务发生困难的，债务人可以（　　）。

A. 中止履行　　B. 终止履行

C. 将标的物留置　　D. 将标的物提存

23. 关于买卖合同标的物的交付地点，表述正确的是：（　　）

A. 由当事人约定交付地点

B. 当事人没有约定或者约定不明的，适用民法典关于合同条款补充的规定加以确定

C. 当事人没有约定或者约定不明的，适用民法典关于合同条款补充的规定仍不能确定，对于标的物需要运输的，出卖人应当将标的物交付给第一承运人以运交给买受人

D. 当事人没有约定或者约定不明的，适用民法典关于合同条款补充的规

定仍不能确定，对于标的物不需要运输，出卖人和买受人订立合同时不知道标的物在某一地点的，应当在买受人订立合同时的营业地交付标的物

24. 关于凭样品买卖合同的表述，错误的是：（　　）

A. 当事人可以封存样品

B. 当事人应当对样品质量予以说明

C. 出卖人交付的标的物应当与样品或其说明的质量相同。

D. 出卖人交付的标的物应当与样品及其说明的质量相同

25. 关于自然人之间的借款合同，下列说法中正确的是：（　　）

A. 自然人之间的借款合同约定支付利息的，借款的利率不得违反国家有关规定

B. 自然人之间的借款合同对利息约定不明确的，视为没有利息

C. 自然人之间的借款合同，自贷款人提供借款时成立

D. 自然人之间的借款合同，自当事人签订书面合同时成立

26. 关于不当得利的返还，下列哪些说法是正确的？（　　）

A. 得利人不知道且不应当知道取得的利益没有法律根据，取得的利益已经不存在的，不承担返还该利益的义务

B. 得利人知道或者应当知道取得的利益没有法律根据的，受损失的人可以请求得利人返还其取得的利益并依法赔偿损失

C. 得利人已经将取得的利益无偿转让给第三人的，受损失的人可以请求第三人在相应范围内承担返还义务

D. 得利人知道或者应当知道取得的利益没有法律根据的，受损失的人可以请求得利人返还其获得的利益，但不得要求赔偿损失

27. 为公共利益实施新闻报道、舆论监督等行为的，可以合理使用民事主体人格权中的哪些内容？（　　）

A. 姓名　　　　B. 名称

C. 肖像　　　　D. 荣誉

28. 侵害人身自由和人格尊严的行为表现有：（　　）

A. 以非法拘禁等方式剥夺他人的行动自由

B. 以非法拘禁等方式限制他人的行动自由

C. 非法搜查他人身体

D. 非法侵扰他人私密空间

29. 自然人可以在父姓和母姓之外选取姓氏的情形有：（　　）

A. 选取其他直系长辈血亲的姓氏

B. 因由法定扶养人以外的人扶养而选取扶养人姓氏

C. 有不违背公序良俗的其他正当理由

D. 少数民族的文化传统和风俗习惯

30. 关于肖像许可使用合同期限，以下表述正确的是：（　）

A. 当事人对肖像许可使用期限没有约定或者约定不明确的，任何一方当事人可以随时解除肖像许可使用合同，但是应当在合理期限之前通知对方

B. 当事人对肖像许可使用期限有明确约定，任何一方当事人可以随时解除肖像许可使用合同，但是应当在合理期限之前通知对方

C. 当事人对肖像许可使用期限有明确约定，肖像权人有正当理由的，可以解除肖像许可使用合同，但是应当在合理期限之前通知对方

D. 当事人对肖像许可使用期限有明确约定，肖像权人有正当理由行使解除权，因解除合同造成对方损失的，除不可归责于肖像权人的事由外，应当赔偿损失

31. 下列哪些行为符合民法关于婚姻家庭的行为规范？（　　）

A. 夫妻互相忠实　　B. 家庭和睦

C. 敬老爱幼　　D. 互相帮助

32. 下列哪些选项属于婚姻可撤销的情形？（　　）

A. 委托他人办理结婚登记

B. 婚前患有重大疾病，在未告知对方的情况下，与对方登记结婚

C. 以公开对方隐私为由胁迫对方与自己办理结婚登记

D. 先后与两人办理结婚登记

33. 下列关于父母与子女关系的说法，哪些是正确的？（　　）

A. 未成年子女可以要求父母给付抚养费

B. 成年子女不能独立生活的，可以要求父母给付抚养费

C. 生活困难的父母可以要求成年子女给付赡养费

D. 缺乏劳动能力的父母可以要求成年子女给付赡养费

34. 关于婚生子女和非婚生子女，下列哪些说法是正确的？（　　）

A. 父母只对其婚生子女负有教育、保护义务

B. 非婚生子女享有与婚生子女同等的权利

C. 不直接抚养非婚生子女的生父或生母，无需负担非婚生子女的抚养费

D. 不直接抚养非婚生子女的生父或者生母，应当负担未成年子女或者不能独立生活的成年子女的抚养费

35. 关于“离婚冷静期”，下列哪些说法是错误的？（　　）

A. 任何一方不愿意离婚的，可以随时向婚姻登记机关撤回离婚登记申请

B. 自婚姻登记机关收到离婚登记申请之日起满 60 日，双方未到婚姻登记机关撤回离婚登记申请的，婚姻登记机关应当发给离婚证

C. 自婚姻登记机关收到离婚登记申请之日起 30 日内，任何一方不愿意离婚的，可以向婚姻登记机关撤回离婚登记申请

D. C 项规定期限届满后 15 日内，双方应当亲自到婚姻登记机关申请发给离婚证；未申请的，视为撤回离婚登记申请

36. 关于离婚时夫妻债务的清偿，下列哪些说法是正确的？（　　）

A. 离婚时，夫妻共同债务应当共同偿还

B. 离婚时，夫妻一方的个人债务也应当共同偿还

C. 共同财产不足清偿或者财产归各自所有，协议不成的，由法院判决

D. 共同财产不足清偿或者财产归各自所有，由法院直接判决

37. 下列哪些人可以作被收养人？（　　）

A. 丧失父母的孤儿

B. 查找不到生父母的未成年人

C. 生父母有特殊困难无力抚养的子女

D. 生父母因经济困难无力抚养的子女

38. 关于继承权和受遗赠权的丧失，以下表述正确的是：（　　）

A. 继承人故意杀害被继承人的，丧失继承权

B. 受遗赠人销毁遗嘱的，丧失受遗赠权

C. 继承人虐待被继承人情节严重，确有悔改表现，被继承人事后在遗嘱中将其列为继承人的，继承人不丧失继承权

D. 受遗赠人伪造遗嘱情节严重，确有悔改表现，立遗嘱人表示宽恕的，受遗赠人不丧失受遗赠权

39. 关于公证遗嘱，以下表述正确的是：（　）

A. 应当由遗嘱人亲自办理

B. 应当经公证机构办理

C. 遗嘱人不得撤回公证遗嘱

D. 立有数份遗嘱，内容相抵触的，以公证遗嘱为准

40. 关于遗嘱无效，以下表述正确的是：（　）

A. 限制民事行为能力人所立的遗嘱无效

B. 受欺诈所立的遗嘱无效

C. 伪造的遗嘱无效

D. 被篡改的遗嘱无效

41. 以下可以成为遗产管理人的有：（　）

A. 遗嘱执行人

B. 生前住所地的民政部门

C. 继承人共同承担

D. 继承人推选的人

42. 关于再婚对所继承财产的处分，以下表述正确的是：（　）

A. 夫妻一方死亡后另一方再婚的，有权处分所继承的财产

B. 夫妻一方死亡后另一方再婚的，应当返还所继承的财产，返还的财产按法定继承办理

C. 夫妻一方死亡后另一方再婚的，对其所继承财产的处分，任何组织不得干涉

D. 夫妻一方死亡后另一方再婚的，对其所继承财产的处分，任何个人不得干涉

43. 关于实施自助行为的前提条件，表述正确的是：（　）

A. 合法权益受到损害，情况紧迫且不能及时获得国家机关保护

B. 不立即采取措施将使其合法权益受到难以弥补的损害

C. 受害人可以在保护自己合法权益的必要范围内采取合理措施

D. 应当立即请求有关国家机关处理

44. 下列哪些情形下，被侵权人有权请求精神损害赔偿？（　　）

A. 侵害自然人人身权益造成精神损害

B. 侵害自然人人身权益造成严重精神损害

C. 侵害自然人具有人身意义的特定物造成严重损害

D. 因故意或者重大过失侵害自然人具有人身意义的特定物造成严重精神损害

45. 关于无民事行为能力人在教育机构受到人身损害的侵权责任，下列哪些说法是错误的？（　　）

A. 无民事行为能力人在教育机构学习、生活期间受到人身损害的，教育机构应当承担侵权责任

B. 无民事行为能力人在教育机构学习、生活期间遭受财产损失的，教育机构应当承担侵权责任

C. 能够证明尽到教育、管理职责的，教育机构不承担侵权责任

D. 能够证明尽到教育、管理职责的，可以适当减轻教育机构的侵权责任

46. 因产品缺陷危及他人人身、财产安全的，被侵权人有权请求生产者、销售者承担下列哪些侵权责任？（　　）

A. 停止侵害　　　　B. 排除妨碍

C. 返还财产　　　　D. 消除危险

47. 关于禁止饲养的危险动物损害责任，下列哪些说法是错误的？（　　）

A. 烈性犬造成他人损害，动物饲养人或者管理人有过错的，应当承担侵权责任

B. 烈性犬造成他人损害，动物饲养人或者管理人不能证明自己没有过错的，应当承担侵权责任

C. 禁止饲养的烈性犬等危险动物造成他人损害，动物饲养人或者管理人有过错的，应当承担侵权责任

D. 禁止饲养的烈性犬等危险动物造成他人损害的，动物饲养人或者管理人应当承担侵权责任

（四）填空题

1. 民事主体从事民事活动，不得违反____，不得违背____。

2. 涉及____、____等胎儿利益保护的，胎儿视为具有民事权利能力。但是，胎儿娩出时为死体的，其民事权利能力____。
3. 不能____自己行为的成年人为无民事行为能力人，由其____代理实施民事法律行为。
4. 被人民法院认定为限制民事行为能力人的，经____、____或者有关组织申请，人民法院可以根据其____、____恢复的状况，认定该成年人恢复为完全民事行为能力人。
5. 监护人____或者____的，应当承担法律责任。
6. 被监护人____或者____完全民事行为能力，监护关系终止。
7. 财产代管人因____或者____造成失踪人财产损失的，应当承担赔偿责任。
8. 被撤销死亡宣告的人有权请求依照《民法典》第六编取得其财产的民事主体____；无法返还的，应当给予____。
9. 债权是因____、侵权行为、____、不当得利以及法律的其他规定，权利人请求特定义务人____一定行为的权利。
10. 行为人与相对人____，损害他人合法权益的民事法律行为无效。
11. 附生效期限的民事法律行为，自期限____时生效。附终止期限的民事法律行为，自期限____时失效。
12. 行为人实施的行为未被追认的，善意相对人有权请求行为人____或者就其受到的损害请求行为人____。但是，赔偿的范围____被代理人追认时相对人所能获得的利益。
13. 因自愿实施____造成受助人损害的，救助人不承担民事责任。
14. 侵害____烈士等的姓名、肖像、名誉、荣誉，损害____的，应当承担民事责任。
15. 建筑物及其附属设施的费用分摊、收益分配等事项，有约定的，按照约定；没有约定或者约定不明确的，按照业主____确定。
16. 不动产权利人应当为相邻权利人用水、排水提供____。对自然流水的利用，应当在不动产的相邻权利人之间____。对自然流水的排放，应当尊重自然流向。
17. 共有人____管理共有的不动产或者动产；____，各共有人都有管理的权利和义务。

18. 用益物权人对他人所有的不动产或者动产，依法享有____、____和____的权利。
19. 通过招标、拍卖、公开协商等方式承包农村土地，经依法登记取得权属证书的，可以依法采取____、____、____或者其他方式____土地经营权。
20. 质权人在质权存续期间，未经出质人同意，擅自____、____质押财产，造成出质人损害的，应当承担____。
21. 留置权人对留置财产____或者留置权人接受债务人____的，留置权消灭。
22. 合同文本采用____以上文字订立并约定具有同等效力的，对各文本使用的____推定具有相同含义。各文本使用的____不一致的，应当根据合同的____、____、____以及____等予以解释。
23. 当事人订立合同，可以采取____、____方式或者其他方式。
24. 当事人采用合同书形式订立合同的，最后____、____或者____的地点为合同成立的地点，但是当事人另有约定的除外。
25. 当事人约定非金钱债权不得转让的，不得对抗____。当事人约定金钱债权不得转让的，不得对抗____。
26. 因____等原因断电，供电人应当按照国家有关规定及时抢修；未及时抢修，造成用电人损失的，应当____。
27. 赠与合同中，赠与人的撤销权，自知道或者应当知道撤销事由之日起____内行使。
28. 借款人应当按照约定的期限返还借款。对借款期限没有约定或者约定不明确，依据《民法典》第510条的规定仍不能确定的，借款人可以____；贷款人可以____借款人在合理期限内返还。
29. 民事主体可以将自己的姓名、名称、肖像等许可他人使用，但是____或者____的除外。
30. 自然人的____、____、____受到侵害或者处于其他危难情形的，____的组织或者个人应当及时施救。
31. 任何组织或者个人不得以____、____，或者利用信息技术手段伪造等方式侵害他人的肖像权。未经肖像权人同意，不得____、____、____肖像权人的肖像，但是法律另有规定的除外。

32. 民事主体可以依法查询自己的信用评价；发现信用评价不当的，有权____并请求采取____、____等必要措施。信用评价人应当____核查，经核查属实的，应当及时采取必要措施。

33. 登记结婚后，按照男女双方约定，女方____成为男方家庭的成员，男方____成为女方家庭的成员。

34. 因胁迫结婚的，受胁迫的一方可以向____请求撤销婚姻。请求撤销婚姻的，应当自____之日起____年内提出。被非法限制人身自由的当事人请求撤销婚姻的，应当自____之日起____年内提出。

35. 夫妻双方____对未成年子女抚养、教育和保护的权利，____对未成年子女抚养、教育和保护的义务。

36. 女方在____、____或者____，男方不得提出离婚；但是，____或者____的除外。

37. 夫妻一方因____、____、____等负担较多义务的，离婚时有权向另一方请求补偿，另一方____给予补偿。

38. 无配偶者收养____子女的，收养人与被收养人的年龄应当相差____周岁以上。

39. 养子女可以随____或者____的姓氏，经当事人____，也可以保留原姓氏。

40. 遗产第一顺序继承人有____、____、____。

41. 对继承人以外的依靠被继承人扶养的人，或者继承人以外的对被继承人扶养较多的人，____。

42. 代书遗嘱应当有两个以上见证人在场见证，由其中一人代书，并由____、____和____签名，注明年、月、日。

43. 以录音录像形式立的遗嘱，应当有两个以上见证人在场见证。遗嘱人和见证人应当在录音录像中记录其____，以及年、月、日。

44. 继承人以所得遗产实际价值为限清偿被继承人依法应当缴纳的____。超过遗产实际价值部分，____的不在此限。

45. 既有法定继承又有遗嘱继承、遗赠的，由____清偿被继承人依法应当缴纳的税款和债务；超过法定继承遗产实际价值部分，由____和____按____以所得遗产清偿。

46. 行为人造成他人民事权益损害，____行为人有无过错，法律规定应当承担侵权责任的，____。

47. 被侵权人死亡的，其____有权请求侵权人承担侵权责任。被侵权人为组织，该组织分立、合并的，____有权请求侵权人承担侵权责任。

48. 网络服务提供者____网络用户利用其网络服务侵害他人民事权益，未采取____措施的，与该网络用户承担____责任。

49. ____机动车发生交通事故造成____搭乘人损害，属于该机动车一方责任的，____减轻其赔偿责任，但是机动车使用人有____的除外。

50. 饲养动物应当遵守____，尊重____，不得妨碍____。

（五）简答题

1. 简述我国民法的基本原则。
2. 简述撤销监护人资格的条件。
3. 简述监护关系终止的情形。
4. 简述申请宣告死亡的情形。
5. 简述知识产权的客体。
6. 简述委托代理终止的情形。
7. 简述承担民事责任的方式。
8. 简答租赁合同中非承租人构成根本性违约时，承租人可以解除合同的情形。
9. 试列举我国《民法典》规定的肖像权的合理使用情形。
10. 试列举侵害隐私权的行为方式。
11. 在婚姻存续期间，哪些财产为夫妻共同财产？
12. 简述我国《民法典》规定的离婚损害赔偿制度。
13. 简述我国《民法典》规定的医务人员在诊疗活动中的说明义务和患者知情同意权。
14. 简述我国《民法典》中关于生态环境民事公益诉讼的赔偿范围。
15. 简述我国《民法典》关于建筑物、构筑物或者其他设施倒塌、塌陷致害责任的规定。

参考答案

（一）判断题

1. √，解析：根据《民法典》第 7 条规定。
2. √，解析：根据《民法典》第 13 条规定。
3. √，解析：根据《民法典》第 22 条规定。
4. ×，解析：根据《民法典》第 26 条规定，父母对未成年子女负有抚养、教育和保护的义务。成年子女对父母负有赡养、扶助和保护的义务。
5. √，解析：根据《民法典》第 37 条规定。
6. √，解析：根据《民法典》第 42 条规定。
7. ×，解析：根据《民法典》第 52 条规定，被宣告死亡的人在被宣告死亡期间，其子女被他人依法收养的，在死亡宣告被撤销后，不得以未经本人同意为由主张收养行为无效。
8. √，解析：根据《民法典》第 56 条规定。
9. √，解析：根据《民法典》第 112 条规定。
10. √，解析：根据《民法典》第 135 条规定。
11. ×，解析：根据《民法典》第 146 条第 1 款规定，行为人与相对人以虚假的意思表示实施的民事法律行为无效。根据《民法典》第 147 条规定，基于重大误解实施的民事法律行为，行为人有权请求人民法院或者仲裁机构予以撤销。
12. √，解析：根据《民法典》第 168 条规定。
13. ×，解析：根据《民法典》第 186 条规定，因当事人一方的违约行为，损害对方人身权益、财产权益的，受损害方有权选择请求其承担违约责任或者侵权责任。
14. √，解析：根据《民法典》第 190 条规定。
15. ×，解析：根据《民法典》第 273 条规定，业主对建筑物专有部分以外的共有部分，享有权利，承担义务；不得以放弃权利为由不履行义务。业主转让建筑物内的住宅、经营性用房，其对共有部分享有的共有和共同管理的权利一并转让。
16. √，解析：根据《民法典》第 284 条规定。
17. ×，解析：根据《民法典》第 301 条规定，处分共有的不动产或者动产以及对共有的不动产或者动产作重大修缮、变更性质或者用途的，应当经占份额2/3以上的按份共有人或者全体共同共有人同意，但是共有人之间另有约定的除外。

18. √，解析：根据《民法典》第327条规定。
19. √，解析：根据《民法典》第336条规定。
20. √，解析：根据《民法典》第365条规定。
21. √，解析：根据《民法典》第412条规定
22. ×，解析：根据《民法典》第541条规定，自债务人的行为发生之日起5年内没有行使撤销权的，该撤销权消灭。
23. √，解析：根据《民法典》第560条规定。
24. √，解析：根据《民法典》第674条规定。
25. √，解析：根据《民法典》第984条规定。
26. ×，解析：根据《民法典》第990条第2款规定，自然人享有基于人身自由、人格尊严产生的其他人格权益。
27. ×，解析：根据《民法典》第1002条规定，自然人享有生命权。自然人的生命安全和生命尊严受法律保护。任何组织或者个人不得侵害他人的生命权。
28. √，解析：根据《民法典》第1014条规定。
29. √，解析：根据《民法典》第1028条规定。
30. √，解析：根据《民法典》第1041条规定。
31. √，解析：根据《民法典》第1047条规定。
32. √，解析：根据《民法典》第1055条规定。
33. ×，解析：根据《民法典》第1069条规定，子女对父母的赡养义务，不因父母的婚姻关系变化而终止。
34. √，解析：根据《民法典》第1083条规定。
35. ×，解析：根据《民法典》第1095条规定，未成年人的父母均不具备完全民事行为能力且可能严重危害该未成年人的，该未成年人的监护人可以将其送养。
36. √，解析：根据《民法典》第1115条规定。
37. ×，解析：根据《民法典》第1122条规定，遗产是自然人死亡时遗留的个人合法财产。依照法律规定或者根据其性质不得继承的遗产，不得继承。
38. ×，解析：根据《民法典》第1128条规定，被继承人的子女先于被继承人

死亡的，由被继承人的子女的直系晚辈血亲代位继承。被继承人的兄弟姐妹先于被继承人死亡的，由被继承人的兄弟姐妹的子女代位继承。代位继承人一般只能继承被代位继承人有权继承的遗产份额。

39. ×，解析：根据《民法典》第 1132 条规定，继承人应当本着互谅互让、和睦团结的精神，协商处理继承问题。遗产分割的时间、办法和份额，由继承人协商确定；协商不成的，可以由人民调解委员会调解或者向人民法院提起诉讼。

40. ×，解析：根据《民法典》第 1136 条规定，打印遗嘱应当有两个以上见证人在场见证。遗嘱人和见证人应当在遗嘱每一页签名，注明年、月、日。

41. ×，解析：根据《民法典》第 1142 条规定，遗嘱人可以撤回、变更自己所立的遗嘱。立遗嘱后，遗嘱人实施与遗嘱内容相反的民事法律行为的，视为对遗嘱相关内容的撤回。立有数份遗嘱，内容相抵触的，以最后的遗嘱为准。

42. √，解析：根据《民法典》第 1148 条规定。

43. ×，解析：根据《民法典》第 1160 条规定，无人继承又无人受遗赠的遗产，归国家所有，用于公益事业；死者生前是集体所有制组织成员的，归所在集体所有制组织所有。

44. ×，解析：根据《民法典》第 1176 条第 1 款规定，自愿参加具有一定风险的文体活动，因其他参加者的行为受到损害的，受害人不得请求其他参加者承担侵权责任；但是，其他参加者对损害的发生有故意或者重大过失的除外。

45. ×，解析：根据《民法典》第 1182 条规定，侵害他人人身权益造成财产损失的，按照被侵权人因此受到的损失或者侵权人因此获得的利益赔偿；被侵权人因此受到的损失以及侵权人因此获得的利益难以确定，被侵权人和侵权人就赔偿数额协商不一致，向人民法院提起诉讼的，由人民法院根据实际情况确定赔偿数额。

46. ×，解析：根据《民法典》第 1188 条第 1 款规定，无民事行为能力人、限制民事行为能力人造成他人损害的，由监护人承担侵权责任。监护人尽到监护职责的，可以减轻其侵权责任。

47. √，解析：根据《民法典》第 1202 条规定。

48. √，解析：根据《民法典》第 1246 条规定。

（二）单项选择题

1. A，解析：根据《民法典》第 2 条规定，民法调整平等主体的自然人、法人和非法人组织之间的人身关系和财产关系。

2. B，解析：根据《民法典》第 14 条规定，自然人的民事权利能力一律平等。

3. B，解析：根据《民法典》第 17 条规定，18 周岁以上的自然人为成年人。不满 18 周岁的自然人为未成年人。

4. B，解析：根据《民法典》第 29 条规定，被监护人的父母担任监护人的，可以通过遗嘱指定监护人。

5. A，解析：根据《民法典》第 33 条规定，具有完全民事行为能力的成年人，可以与其近亲属、其他愿意担任监护人的个人或者组织事先协商，以书面形式确定自己的监护人，在自己丧失或者部分丧失民事行为能力时，由该监护人履行监护职责。

6. B，解析：根据《民法典》第 40 条规定，自然人下落不明满 2 年的，利害关系人可以向人民法院申请宣告该自然人为失踪人。

7. A，解析：根据《民法典》第 49 条规定，自然人被宣告死亡但是并未死亡的，不影响该自然人在被宣告死亡期间实施的民事法律行为的效力。

8. A，解析：根据《民法典》第 55 条规定，农村集体经济组织的成员，依法取得农村土地承包经营权，从事家庭承包经营的，为农村承包经营户。

9. C，解析：根据《民法典》第 117 条规定，为了公共利益的需要，依照法律规定的权限和程序征收、征用不动产或者动产的，应当给予公平、合理的补偿。

10. C，解析：根据《民法典》第 133 条规定，民事法律行为是民事主体通过意思表示设立、变更、终止民事法律关系的行为。根据《民法典》第 134 条规定，民事法律行为可以基于双方或者多方的意思表示一致成立，也可以基于单方的意思表示成立。法人、非法人组织依照法律或者章程规定的议事方式和表决程序作出决议的，该决议行为成立。

11. A，解析：根据《民法典》第 152 条第 2 款规定，当事人自民事法律行为发生之日起 5 年内没有行使撤销权的，撤销权消灭。

12. C，解析：根据《民法典》第 158 条规定，民事法律行为可以附条件，但是根据其性质不得附条件的除外。附生效条件的民事法律行为，自条件成就时生效。附解除条件的民事法律行为，自条件成就时失效。

13. D，解析：根据《民法典》第 180 条规定，因不可抗力不能履行民事义务的，不承担民事责任。法律另有规定的，依照其规定。不可抗力是不能预见、不能避免且不能克服的客观情况。

14. C，解析：根据《民法典》第 188 条第 2 款规定，诉讼时效期间自权利人知道或者应当知道权利受到损害以及义务人之日起计算。法律另有规定的，依照其规定。但是，自权利受到损害之日起超过 20 年的，人民法院不予保护，有特殊情况的，人民法院可以根据权利人的申请决定延长。
15. C，解析：根据《民法典》第 214 条规定，不动产物权的设立、变更、转让和消灭，依照法律规定应当登记的，自记载于不动产登记簿时发生效力。
16. C，解析：根据《民法典》第 271 条规定，业主对建筑物内的住宅、经营性用房等专有部分享有所有权，对专有部分以外的共有部分享有共有和共同管理的权利。
17. D，解析：根据《民法典》第 306 条规定，按份共有人转让其享有的共有的不动产或者动产份额的，应当将转让条件及时通知其他共有人。其他共有人应当在合理期限内行使优先购买权。两个以上其他共有人主张行使优先购买权的，协商确定各自的购买比例；协商不成的，按照转让时各自的共有份额比例行使优先购买权。
18. A，解析：根据《民法典》第 332 条规定，耕地的承包期为 30 年。草地的承包期为 30 年至 50 年。林地的承包期为 30 年至 70 年。前款规定的承包期限届满，由土地承包经营权人依照农村土地承包的法律规定继续承包。
19. A，解析：根据《民法典》第 359 条规定，住宅建设用地使用权期限届满的，自动续期。续期费用的缴纳或者减免，依照法律、行政法规的规定办理。非住宅建设用地使用权期限届满后的续期，依照法律规定办理。该土地上的房屋及其他不动产的归属，有约定的，按照约定；没有约定或者约定不明确的，依照法律、行政法规的规定办理。
20. C，解析：根据《民法典》第 364 条规定，宅基地因自然灾害等原因灭失的，宅基地使用权消灭。对失去宅基地的村民，应当依法重新分配宅基地。
21. D，解析：根据《民法典》第 368 条规定，居住权无偿设立，但是当事人另有约定的除外。设立居住权的，应当向登记机构申请居住权登记。居住权自登记时设立。D 项表述错误。
22. B，解析：根据《民法典》第 476 条规定，要约可以撤销，但是有下列情形之一的除外：（1）要约人以确定承诺期限或者其他形式明示要约不可撤销；（2）受要约人有理由认为要约是不可撤销的，并已经为履行合同做了合理准备工作。因此 B 项正确。
23. D，解析：根据《民法典》第 497 条规定，有下列情形之一的，该格式条款无效：（1）具有本法第一编第六章第三节和本法第 506 条规定的无效情形；（2）提供格式条款一方不合理地免除或者减轻其责任、加重对方责任、限制对方主要权利；（3）提供格式条款一方排除对方主要权利。

24. C，解析：根据《民法典》第 506 条规定，合同中的下列免责条款无效：（1）造成对方人身损害的；（2）因故意或者重大过失造成对方财产损失的。

25. A，解析：根据《民法典》第 578 条规定，当事人一方明确表示或者以自己的行为表明不履行合同义务的，对方可以在履行期限届满前请求其承担违约责任。

26. D，解析：根据《民法典》第 589 条规定，债务人按照约定履行债务，债权人无正当理由拒绝受领的，债务人可以请求债权人赔偿增加的费用。在债权人受领迟延期间，债务人无须支付利息。

27. C，解析：根据《民法典》第 670 条规定，借款的利息不得预先在本金中扣除。利息预先在本金中扣除的，应当按照实际借款数额返还借款并计算利息。

28. D，解析：根据《民法典》第 981 条规定，管理人管理他人事务，应当采取有利于受益人的方法。中断管理对受益人更为不利的，无正当理由不得中断。A 项表述正确，D 项表述错误。根据《民法典》第 982 条规定，管理人管理他人事务时，能够通知受益人的，应当及时通知受益人。管理的事务不需要紧急处理的，应当等待受益人的指示。B 项表述正确。根据《民法典》第 983 条规定，管理结束后，管理人应当向受益人报告管理事务的情况。管理人管理事务取得的财产，应当及时转交给受益人。C 项表述正确。

29. D，解析：根据《民法典》第 996 条规定，因当事人一方的违约行为，损害对方人格权并造成严重精神损害，受损害方选择请求其承担违约责任的，不影响受损害方请求精神损害赔偿。

30. B，解析：根据《民法典》第 1006 条规定，完全民事行为能力人有权依法自主决定无偿捐献其人体细胞、人体组织、人体器官、遗体。任何组织或者个人不得强迫、欺骗、利诱其捐献。完全民事行为能力人依据前款规定同意捐献的，应当采用书面形式，也可以订立遗嘱。自然人生前未表示不同意捐献的，该自然人死亡后，其配偶、成年子女、父母可以共同决定捐献，决定捐献应当采用书面形式。据此 ACD 项表述正确，B 项中不能是有偿，表述错误。

31. C，解析：根据《民法典》第 1016 条规定，自然人决定、变更姓名，或者法人、非法人组织决定、变更、转让名称的，应当依法向有关机关办理登记手续，但是法律另有规定的除外。民事主体变更姓名、名称的，变更前实施的民事法律行为对其具有法律约束力。据此，ABD 项表述正确，C 项表述错误。

32. A，解析：根据《民法典》第 1042 条规定，禁止包办、买卖婚姻和其他干涉婚姻自由的行为。禁止借婚姻索取财物。禁止重婚。禁止有配偶者与他人同居。禁止家庭暴力。禁止家庭成员间的虐待和遗弃。故 A 项当选。

33. C，解析：根据《民法典》第 1046 条规定，结婚应当男女双方完全自愿，禁止任何一方对另一方加以强迫，禁止任何组织或者个人加以干涉。故 ABD 项错误。

34. D，解析：根据《民法典》第 1060 条规定，夫妻一方因家庭日常生活需要而实施的民事法律行为，对夫妻双方发生效力，但是夫妻一方与相对人另有约定的除外。夫妻之间对一方可以实施的民事法律行为范围的限制，不得对抗善意相对人。故 D 项当选。

35. D，解析：根据《民法典》第 1066 条规定，婚姻关系存续期间，有下列情形之一的，夫妻一方可以向人民法院请求分割共同财产：（1）一方有隐藏、转移、变卖、毁损、挥霍夫妻共同财产或者伪造夫妻共同债务等严重损害夫妻共同财产利益的行为；（2）一方负有法定扶养义务的人患重大疾病需要医治，另一方不同意支付相关医疗费用。D 项中，朋友不是一方负有法定扶养义务的人，另一方没有支付医疗费用的义务。故 D 项当选。

36. A，解析：根据《民法典》第 1076 条规定，夫妻双方自愿离婚的，应当签订书面离婚协议，并亲自到婚姻登记机关申请离婚登记。离婚协议应当载明双方自愿离婚的意思表示和对子女抚养、财产以及债务处理等事项协商一致的意见。故 A 项正确。

37. C，解析：根据《民法典》第 1100 条第 1 款规定，无子女的收养人可以收养 2 名子女；有子女的收养人只能收养 1 名子女。故 C 项当选。

38. C，解析：根据《民法典》第 1118 条规定，收养关系解除后，经养父母抚养的成年养子女，对缺乏劳动能力又缺乏生活来源的养父母，应当给付生活费。因养子女成年后虐待、遗弃养父母而解除收养关系的，养父母可以要求养子女补偿收养期间支出的抚养费。生父母要求解除收养关系的，养父母可以要求生父母适当补偿收养期间支出的抚养费；但是，因养父母虐待、遗弃养子女而解除收养关系的除外。故 C 项正确。

39. C，解析：根据《民法典》第 1122 条规定，遗产是自然人死亡时遗留的个人合法财产。依照法律规定或者根据其性质不得继承的遗产，不得继承。

40. A，解析：根据《民法典》第 1126 规定，继承权男女平等。根据《民法典》第 1130 条第 1 款规定，同一顺序继承人继承遗产的份额，一般应当均等。B 项错误。根据《民法典》第 1127 条第 2 款规定，继承开始后，由第一顺序继承人继承，第二顺序继承人不继承；没有第一顺序继承人继承的，由第二顺序继承人继承。CD 项错误。

41. C，解析：根据《民法典》第 1134 规定，自书遗嘱由遗嘱人亲笔书写，签名，注明年、月、日。

42. C，解析：根据《民法典》第 1142 条规定，遗嘱人可以撤回、变更自己所立的遗嘱。立遗嘱后，遗嘱人实施与遗嘱内容相反的民事法律行为的，视为对遗嘱相关内容的撤回。立有数份遗嘱，内容相抵触的，以最后的遗嘱为准。据此。ABD 项正确，C 项错误。

43. C，解析：根据《民法典》第 1150 条规定，继承开始后，知道被继承人死亡的继承人应当及时通知其他继承人和遗嘱执行人。继承人中无人知道被继承人死亡或者知道被继承人死亡而不能通知的，由被继承人生前所在单位或者住所地的居民委员会、村民委员会负责通知。据此，ABC 项正确，D 项错误。

44. A，解析：根据《民法典》第 1158 条规定，自然人可以与继承人以外的组织或者个人签订遗赠扶养协议。按照协议，该组织或者个人承担该自然人生养死葬的义务，享有受遗赠的权利。据此，A 项表述错误，BC 项表述正确。根据《民法典》第 1123 条规定，D 项表述正确。

45. D，解析：根据《民法典》第 1170 条规定，二人以上实施危及他人人身、财产安全的行为，其中一人或者数人的行为造成他人损害，能够确定具体侵权人的，由侵权人承担责任；不能确定具体侵权人的，行为人承担连带责任。故 ABC 项表述正确，D 项表述错误。

46. D，解析：根据《民法典》第 1186 条规定，受害人和行为人对损害的发生都没有过错的，依照法律的规定由双方分担损失。据此，ABC 项表述正确，D 项表述错误。

47. D，解析：根据《民法典》第 1192 条第 1 款规定，个人之间形成劳务关系，提供劳务一方因劳务造成他人损害的，由接受劳务一方承担侵权责任。接受劳务一方承担侵权责任后，可以向有故意或者重大过失的提供劳务一方追偿。提供劳务一方因劳务受到损害的，根据双方各自的过错承担相应的责任。故D项正确。

48. C，解析：根据《民法典》第1209条规定，因租赁、借用等情形机动车所有人、管理人与使用人不是同一人时，发生交通事故造成损害，属于该机动车一方责任的，由机动车使用人承担赔偿责任；机动车所有人、管理人对损害的发生有过错的，承担相应的赔偿责任。根据《民法典》第1210条规定，当事人之间已经以买卖或者其他方式转让并交付机动车但是未办理登记，发生交通事故造成损害，属于该机动车一方责任的，由受让人承担赔偿责任。故C项表述错误。

49. D，解析：根据《民法典》第1250条规定，因第三人的过错致使动物造成他人损害的，被侵权人可以向动物饲养人或者管理人请求赔偿，也可以向第三人请求赔偿。动物饲养人或者管理人赔偿后，有权向第三人追偿。故D项表述错误。

（三）多项选择题

1. ABCD，解析：根据《民法典》第4条至第9条规定，我国民法的基本原则包括平等原则、自愿原则、公平原则、诚信原则、守法与公序良俗原则以及绿色原则。

2. ABCD，解析：根据《民法典》第15条规定，自然人的出生时间和死亡时间，以出生证明、死亡证明记载的时间为准；没有出生证明、死亡证明的，以户籍登记或者其他有效身份登记记载的时间为准。有其他证据足以推翻以上记载时间的，以该证据证明的时间为准。

3. ABC，解析：根据《民法典》第19条规定，8周岁以上的未成年人为限制民事行为能力人，实施民事法律行为由其法定代理人代理或者经其法定代理人同意、追认；但是，可以独立实施纯获利益的民事法律行为或者与其年龄、智力相适应的民事法律行为。

4. ACD，解析：根据《民法典》第25条规定，自然人以户籍登记或者其他有效身份登记记载的居所为住所；经常居所与住所不一致的，经常居所视为住所。

5. ABCD，解析：根据《民法典》第31条第3款规定，依据本条第1款规定指定监护人前，被监护人的人身权利、财产权利以及其他合法权益处于无人保护状态的，由被监护人住所地的居民委员会、村民委员会、法律规定的有关组织或者民政部门担任临时监护人。

6. CD，解析：根据《民法典》第41条规定，自然人下落不明的时间自其失去音讯之日起计算。战争期间下落不明的，下落不明的时间自战争结束之日或者有关机关确定的下落不明之日起计算。

7. CD，解析：根据《民法典》第 50 条规定，被宣告死亡的人重新出现，经本人或者利害关系人申请，人民法院应当撤销死亡宣告。

8. AD，解析：根据《民法典》第 54 条规定，自然人从事工商业经营，经依法登记，为个体工商户。个体工商户可以起字号。根据《民法典》第 56 条第 1 款规定，个体工商户的债务，个人经营的，以个人财产承担；家庭经营的，以家庭财产承担；无法区分的，以家庭财产承担。

9. ABCD，解析：根据《民法典》第 111 条规定，自然人的个人信息受法律保护。任何组织或者个人需要获取他人个人信息的，应当依法取得并确保信息安全，不得非法收集、使用、加工、传输他人个人信息，不得非法买卖、提供或者公开他人个人信息。

10. ABCD，解析：根据《民法典》第 137 条规定，以对话方式作出的意思表示，相对人知道其内容时生效。以非对话方式作出的意思表示，到达相对人时生效。以非对话方式作出的采用数据电文形式的意思表示，相对人指定特定系统接收数据电文的，该数据电文进入该特定系统时生效；未指定特定系统的，相对人知道或者应当知道该数据电文进入其系统时生效。当事人对采用数据电文形式的意思表示的生效时间另有约定的，按照其约定。根据《民法典》第 138 条规定，无相对人的意思表示，表示完成时生效。法律另有规定的，依照其规定。根据《民法典》第 139 条规定，以公告方式作出的意思表示，公告发布时生效。

11. ABCD，解析：根据《民法典》第 145 条规定，限制民事行为能力人实施的纯获利益的民事法律行为或者与其年龄、智力、精神健康状况相适应的民事法律行为有效；实施的其他民事法律行为经法定代理人同意或者追认后有效。相对人可以催告法定代理人自收到通知之日起 30 日内予以追认。法定代理人未作表示的，视为拒绝追认。民事法律行为被追认前，善意相对人有撤销的权利。撤销应当以通知的方式作出。

12. ABCD，解析：根据《民法典》第 148 条规定，一方以欺诈手段，使对方在违背真实意思的情况下实施的民事法律行为，受欺诈方有权请求人民法院或者仲裁机构予以撤销。根据《民法典》第 149 条规定，第三人实施欺诈行为，使一方在违背真实意思的情况下实施的民事法律行为，对方知道或者应当知道该欺诈行为的，受欺诈方有权请求人民法院或者仲裁机构予以撤销。

根据《民法典》第150条规定，一方或者第三人以胁迫手段，使对方在违背真实意思的情况下实施的民事法律行为，受胁迫方有权请求人民法院或者仲裁机构予以撤销。根据《民法典》第151条规定，一方利用对方处于危困状态、缺乏判断能力等情形，致使民事法律行为成立时显失公平的，受损害方有权请求人民法院或者仲裁机构予以撤销。

13. ABCD，解析：根据《民法典》第177条规定，二人以上依法承担按份责任，能够确定责任大小的，各自承担相应的责任；难以确定责任大小的，平均承担责任。根据《民法典》第178条规定，二人以上依法承担连带责任的，权利人有权请求部分或者全部连带责任人承担责任。连带责任人的责任份额根据各自责任大小确定；难以确定责任大小的，平均承担责任。实际承担责任超过自己责任份额的连带责任人，有权向其他连带责任人追偿。连带责任，由法律规定或者当事人约定。

14. ABCD，解析：根据《民法典》第196条规定，下列请求权不适用诉讼时效的规定：（1）请求停止侵害、排除妨碍、消除危险；（2）不动产物权和登记的动产物权的权利人请求返还财产；（3）请求支付抚养费、赡养费或者扶养费；（4）依法不适用诉讼时效的其他请求权。

15. ABC，解析：根据《民法典》第221条规定，当事人签订买卖房屋的协议或者签订其他不动产物权的协议，为保障将来实现物权，按照约定可以向登记机构申请预告登记。预告登记后，未经预告登记的权利人同意，处分该不动产的，不发生物权效力。预告登记后，债权消灭或者自能够进行不动产登记之日起90日内未申请登记的，预告登记失效。

16. ABC，解析：根据《民法典》第280条规定，业主大会或者业主委员会的决定，对业主具有法律约束力。业主大会或者业主委员会作出的决定侵害业主合法权益的，受侵害的业主可以请求人民法院予以撤销。

17. ABC，解析：根据《民法典》第302条规定，共有人对共有物的管理费用以及其他负担，有约定的，按照其约定；没有约定或者约定不明确的，按份共有人按照其份额负担，共同共有人共同负担。

18. ABCD，解析：根据《民法典》第334条规定，土地承包经营权人依照法律规定，有权将土地承包经营权互换、转让。未经依法批准，不得将承包地用于非农建设。根据《民法典》第335条规定，土地承包经营权互换、转让的，当事人可以向登记机构申请登记；未经登记，不得对抗善意第三人。

19. BCD，解析：根据《民法典》第409条规定，抵押权人可以放弃抵押权或者抵押权的顺位。抵押权人与抵押人可以协议变更抵押权顺位以及被担保的债权数额等内容。但是，抵押权的变更未经其他抵押权人书面同意的，不得对其他抵押权人产生不利影响。债务人以自己的财产设定抵押，抵押权人放弃该抵押权、抵押权顺位或者变更抵押权的，其他担保人在抵押权人丧失优先受偿权益的范围内免除担保责任，但是其他担保人承诺仍然提供担保的除外。

20. BCD，解析：根据《民法典》第 481 条规定，承诺应当在要约确定的期限内到达要约人。要约没有确定承诺期限的，承诺应当依照下列规定到达：（1）要约以对话方式作出的，应当即时作出承诺；（2）要约以非对话方式作出的，承诺应当在合理期限内到达。

21. AB，解析：根据《民法典》第 500 条规定，当事人在订立合同过程中有下列情形之一，造成对方损失的，应当承担赔偿责任：（1）假借订立合同，恶意进行磋商；（2）故意隐瞒与订立合同有关的重要事实或者提供虚假情况；（3）有其他违背诚信原则的行为。

22. AD，解析：根据《民法典》第 529 条规定，债权人分立、合并或者变更住所没有通知债务人，致使履行债务发生困难的，债务人可以中止履行或者将标的物提存。

23. ABCD，解析：根据《民法典》第 603 条规定，出卖人应当按照约定的地点交付标的物。当事人没有约定交付地点或者约定不明确，依据本法第 510 条的规定仍不能确定的，适用下列规定：（1）标的物需要运输的，出卖人应当将标的物交付给第一承运人以运交给买受人；（2）标的物不需要运输，出卖人和买受人订立合同时知道标的物在某一地点的，出卖人应当在该地点交付标的物；不知道标的物在某一地点的，应当在出卖人订立合同时的营业地交付标的物。

24. ABC，解析：根据《民法典》第 635 条规定，凭样品买卖的当事人应当封存样品，并可以对样品质量予以说明。出卖人交付的标的物应当与样品及其说明的质量相同。

25. ABC，解析：根据《民法典》第 680 条第 1、3 款规定，禁止高利放贷，借款的利率不得违反国家有关规定。借款合同对支付利息约定不明确，当事人不能达成补充协议的，按照当地或者当事人的交易方式、交易习惯、市场利率等因素确定利息；自然人之间借款的，视为没有利息。故 AB 项正确。根据《民法典》第 679 条规定，自然人之间的借款合同，自贷款人提供借款时成立。故 C 项正确，D 项错误。

26. ABC，解析：根据《民法典》第986条规定，得利人不知道且不应当知道取得的利益没有法律根据，取得的利益已经不存在的，不承担返还该利益的义务。A项正确。根据《民法典》第987条，得利人知道或者应当知道取得的利益没有法律根据的，受损失的人可以请求得利人返还其取得的利益并依法赔偿损失。B项正确，D项错误。根据《民法典》第988条，得利人已经将取得的利益无偿转让给第三人的，受损失的人可以请求第三人在相应范围内承担返还义务。C项正确。

27. ABC，解析：根据《民法典》第999条规定，为公共利益实施新闻报道、舆论监督等行为的，可以合理使用民事主体的姓名、名称、肖像、个人信息等；使用不合理侵害民事主体人格权的，应当依法承担民事责任。

28. ABC，解析：根据《民法典》第1011条规定，以非法拘禁等方式剥夺、限制他人的行动自由，或者非法搜查他人身体的，受害人有权依法请求行为人承担民事责任。选项ABC正确。根据《民法典》第1032条第1款规定，D项属于侵害隐私权的行为。

29. ABCD，解析：根据《民法典》第1015条规定，自然人应当随父姓或者母姓，但是有下列情形之一的，可以在父姓和母姓之外选取姓氏：(1) 选取其他直系长辈血亲的姓氏；(2) 因由法定扶养人以外的人扶养而选取扶养人姓氏；(3) 有不违背公序良俗的其他正当理由。少数民族自然人的姓氏可以遵从本民族的文化传统和风俗习惯。

30. ACD，解析：根据《民法典》第1022条规定，当事人对肖像许可使用期限没有约定或者约定不明确的，任何一方当事人可以随时解除肖像许可使用合同，但是应当在合理期限之前通知对方。当事人对肖像许可使用期限有明确约定，肖像权人有正当理由的，可以解除肖像许可使用合同，但是应当在合理期限之前通知对方。因解除合同造成对方损失的，除不可归责于肖像权人的事由外，应当赔偿损失。据此，选项ACD正确，选项B错误。

31. ABCD，解析：根据《民法典》第1043条规定，家庭应当树立优良家风，弘扬家庭美德，重视家庭文明建设。夫妻应当互相忠实，互相尊重，互相关爱；家庭成员应当敬老爱幼，互相帮助，维护平等、和睦、文明的婚姻家庭关系。

32. BC，解析：根据《民法典》第1052条第1、2款规定，因胁迫结婚的，受胁迫的一方可以向人民法院请求撤销婚姻。请求撤销婚姻的，应当自胁迫行为终止之日起1年内提出。根据《民法典》第1053条规定，一方患有重大疾病的，应当在结婚登记前如实告知另一方；不如实告知的，另一方可以向人民法院请求撤销婚姻。请求撤销婚姻的，应当自知道或者应当知道撤销事由之日起 1 年内提出。故 BC 项当选。

33. ABCD，解析：根据《民法典》第 1067 条规定，父母不履行抚养义务的，未成年子女或者不能独立生活的成年子女，有要求父母给付抚养费的权利。成年子女不履行赡养义务的，缺乏劳动能力或者生活困难的父母，有要求成年子女给付赡养费的权利。故 ABCD 项均当选。

34. BD，解析：根据《民法典》第 1071 条规定，非婚生子女享有与婚生子女同等的权利，任何组织或者个人不得加以危害和歧视。不直接抚养非婚生子女的生父或者生母，应当负担未成年子女或者不能独立生活的成年子女的抚养费。故 BD 项正确。

35. ABD，解析：根据《民法典》第 1077 条规定，自婚姻登记机关收到离婚登记申请之日起 30 日内，任何一方不愿意离婚的，可以向婚姻登记机关撤回离婚登记申请。前款规定期限届满后 30 日内，双方应当亲自到婚姻登记机关申请发给离婚证；未申请的，视为撤回离婚登记申请，故 ABD 项表述错误。

36. AC，解析：根据《民法典》第 1089 条规定，离婚时，夫妻共同债务应当共同偿还。共同财产不足清偿或者财产归各自所有的，由双方协议清偿；协议不成的，由人民法院判决。故 AC 项正确。

37. ABC，解析：根据《民法典》第 1093 条规定，下列未成年人，可以被收养：（1）丧失父母的孤儿；（2）查找不到生父母的未成年人；（3）生父母有特殊困难无力抚养的子女。故 ABC 项当选。

38. ABC，解析：根据《民法典》第 1125 条规定，继承人有下列行为之一的，丧失继承权：（1）故意杀害被继承人；（2）为争夺遗产而杀害其他继承人；（3）遗弃被继承人，或者虐待被继承人情节严重；（4）伪造、篡改、隐匿或者销毁遗嘱，情节严重；（5）以欺诈、胁迫手段迫使或者妨碍被继承人设立、变更或者撤回遗嘱，情节严重。继承人有前款第 3 项至第 5 项行为，确有悔改表现，被继承人表示宽恕或者事后在遗嘱中将其列为继承人的，该继承人不丧失继承权。受遗赠人有本条第 1 款规定行为的，丧失受遗赠权。据此，AC 项正确。相关行为须达到情节严重才丧失受遗赠权，B 项错误；受遗赠权一旦丧失即无法恢复，D 项错误。

39. AB，解析：根据《民法典》第 1139 条规定，公证遗嘱由遗嘱人经公证机构办理。AB 项正确。根据《民法典》第 1142 条规定，遗嘱人可以撤回、变更自己所立的遗嘱。立遗嘱后，遗嘱人实施与遗嘱内容相反的民事法律行为的，视为对遗嘱相关内容的撤回。立有数份遗嘱，内容相抵触的，以最后的遗嘱为准。据此，CD 项错误。

40. ABC，解析：根据《民法典》第 1143 条规定，无民事行为能力人或者限制民事行为能力人所立的遗嘱无效。遗嘱必须表示遗嘱人的真实意思，受欺诈、胁迫所立的遗嘱无效。伪造的遗嘱无效。遗嘱被篡改的，篡改的内容无效。据此，D 项遗嘱被篡改的，遗嘱本身并非无效，只是其中被篡改的内容无效，未被篡改的部分如无其他遗嘱无效情形，仍然有效。ABC 项正确。

41. ABCD，解析：根据《民法典》第 1145 条规定，继承开始后，遗嘱执行人为遗产管理人；没有遗嘱执行人的，继承人应当及时推选遗产管理人；继承人未推选的，由继承人共同担任遗产管理人；没有继承人或者继承人均放弃继承的，由被继承人生前住所地的民政部门或者村民委员会担任遗产管理人。

42. ACD，解析：根据《民法典》第 1157 条规定，夫妻一方死亡后另一方再婚的，有权处分所继承的财产，任何组织或者个人不得干涉。据此，ACD 项正确，B 项错误。

43. ABCD，解析：根据《民法典》第 1177 条规定，合法权益受到侵害，情况紧迫且不能及时获得国家机关保护，不立即采取措施将使其合法权益受到难以弥补的损害的，受害人可以在保护自己合法权益的必要范围内采取扣留侵权人的财物等合理措施；但是，应当立即请求有关国家机关处理。受害人采取的措施不当造成他人损害的，应当承担侵权责任。故 ABCD 项均当选。

44. BD，解析：根据《民法典》第 1183 条规定，侵害自然人人身权益造成严重精神损害的，被侵权人有权请求精神损害赔偿。因故意或者重大过失侵害自然人具有人身意义的特定物造成严重精神损害的，被侵权人有权请求精神损害赔偿。故 BD 项当选。

45. BD，解析：根据《民法典》第 1199 条规定，无民事行为能力人在幼儿园、学校或者其他教育机构学习、生活期间受到人身损害的，幼儿园、学校或者其他教育机构应当承担侵权责任；但是，能够证明尽到教育、管理职责的，不承担侵权责任。故 BD 项表述错误。

46. ABD，解析：根据《民法典》第 1205 条规定，因产品缺陷危及他人人身、财产安全的，被侵权人有权请求生产者、销售者承担停止侵害、排除妨碍、消除危险等侵权责任。故 ABD 项正确。

47. ABC，解析：根据《民法典》第 1247 条规定，禁止饲养的烈性犬等危险动物造成他人损害的，动物饲养人或者管理人应当承担侵权责任。故 ABC 项表述错误。

(四) 填空题

1. 法律；公序良俗。(《民法典》第 8 条)
2. 遗产继承；接受赠与；自始不存在。(《民法典》第 16 条)
3. 辨认；法定代理人。(《民法典》第 21 条)
4. 本人；利害关系人；智力；精神健康。(《民法典》第 24 条)
5. 不履行监护职责；侵害被监护人合法权益。(《民法典》第 34 条)
6. 取得；恢复。(《民法典》第 39 条)
7. 故意；重大过失。(《民法典》第 43 条)
8. 返还财产；适当补偿。(《民法典》第 53 条)
9. 合同；无因管理；为或者不为。(《民法典》第 118 条)
10. 恶意串通。(《民法典》第 154 条)
11. 届至；届满。(《民法典》第 160 条)
12. 履行债务；赔偿；不得超过。(《民法典》第 171 条)
13. 紧急救助行为。(《民法典》第 184 条)
14. 英雄；社会公共利益。(《民法典》第 185 条)
15. 专有部分面积所占比例。(《民法典》第 283 条)
16. 必要的便利；合理分配。(《民法典》第 290 条)
17. 按照约定；没有约定或者约定不明确的。(《民法典》第 300 条)
18. 占有；使用；收益。(《民法典》第 323 条)
19. 出租；入股；抵押；流转。(《民法典》第 342 条)
20. 使用；处分；赔偿责任。(《民法典》第 431 条)
21. 丧失占有；另行提供担保。(《民法典》第 457 条)
22. 两种；词句；词句；相关条款；性质；目的；诚信原则。(《民法典》第 466 条)
23. 要约；承诺。(《民法典》第 471 条)
24. 签名；盖章；按指印。(《民法典》第 493 条)
25. 善意第三人；第三人。(《民法典》第 545 条)
26. 自然灾害；承担赔偿责任。(《民法典》第 653 条)
27. 1 年；(《民法典》第 663 条)
28. 随时返还；催告。(《民法典》第 675 条)
29. 依照法律规定；根据其性质不得许可。(《民法典》第 993 条)

30. 生命权；身体权；健康权；负有法定救助义务。（《民法典》1005 条）
31. 丑化；污损；制作；使用；公开。（《民法典》第 1019 条）
32. 提出异议；更正；删除；及时。（《民法典》第 1029 条）
33. 可以；可以。（《民法典》第 1050 条）
34. 人民法院；胁迫行为终止；1；恢复人身自由；1。（《民法典》第 1052 条）
35. 平等享有；共同承担。（《民法典》第 1058 条）
36. 怀孕期间；分娩后 1 年内；终止妊娠后 6 个月内；女方提出离婚；人民法院认为确有必要受理男方离婚请求。（《民法典》第 1082 条）
37. 抚育子女；照料老年人；协助另一方工作；应当。（《民法典》第 1088 条）
38. 异性；40。（《民法典》第 1102 条）
39. 养父；养母；协商一致。（《民法典》第 1112 条）
40. 配偶；子女；父母。（《民法典》第 1127 条）
41. 可以分给适当的遗产。（《民法典》第 1131 条）
42. 遗嘱人；代书人；其他见证人。（《民法典》第 1135 条）
43. 姓名或者肖像。（《民法典》第 1137 条）
44. 税款和债务；继承人自愿偿还。（《民法典》第 1161 条）
45. 法定继承人；遗嘱继承人；受遗赠人；比例。（《民法典》第 1163 条）
46. 不论；依照其规定。（《民法典》第 1166 条）
47. 近亲属；承继权利的组织。（《民法典》第 1181 条）
48. 知道或者应当知道；必要；连带。（《民法典》第 1197 条）
49. 非营运；无偿；应当；故意或者重大过失。（《民法典》第 1217 条）
50. 法律法规；社会公德；他人生活。（《民法典》第 1251 条）

（五）简答题

1. 答：根据《民法典》第 4 条至第 9 条规定，我国民法的基本原则有：平等原则、自愿原则、公平原则、诚信原则、守法与公序良俗原则和绿色原则。

（1）平等原则是指，民事主体在民事活动中的法律地位一律平等。

（2）自愿原则是指，民事主体从事民事活动，应当遵循自愿原则，按照自己的意思设立、变更、终止民事法律关系。

（3）公平原则是指，民事主体从事民事活动，应当遵循公平原则，合理确定各方的权利和义务。

（4）诚信原则是指，民事主体从事民事活动，应当遵循诚信原则，秉持诚实，恪守承诺。

(5) 守法与公序良俗原则是指，民事主体从事民事活动，不得违反法律，不得违背公序良俗。

(6) 绿色原则是指，民事主体从事民事活动，应当有利于节约资源、保护生态环境。

2. 答：根据《民法典》第 36 条第 1 款规定，监护人有下列情形之一的，人民法院根据有关个人或者组织的申请，撤销其监护人资格，安排必要的临时监护措施，并按照最有利于被监护人的原则依法指定监护人：(1) 实施严重损害被监护人身心健康的行为；(2) 怠于履行监护职责，或者无法履行监护职责且拒绝将监护职责部分或者全部委托给他人，导致被监护人处于危困状态；(3) 实施严重侵害被监护人合法权益的其他行为。

3. 答：根据《民法典》第 39 条第 1 款规定，有下列情形之一的，监护关系终止：(1) 被监护人取得或者恢复完全民事行为能力；(2) 监护人丧失监护能力；(3) 被监护人或者监护人死亡；(4) 人民法院认定监护关系终止的其他情形。

4. 答：根据《民法典》第 46 条规定，自然人有下列情形之一的，利害关系人可以向人民法院申请宣告该自然人死亡：(1) 下落不明满 4 年；(2) 因意外事件，下落不明满 2 年。因意外事件下落不明，经有关机关证明该自然人不可能生存的，申请宣告死亡不受 2 年时间的限制。

5. 答：根据《民法典》第 123 条第 2 款规定，知识产权是权利人依法就下列客体享有的专有的权利：(1) 作品；(2) 发明、实用新型、外观设计；(3) 商标；(4) 地理标志；(5) 商业秘密；(6) 集成电路布图设计；(7) 植物新品种；(8)法律规定的其他客体。

6. 答：根据《民法典》第 173 条规定，有下列情形之一的，委托代理终止：(1) 代理期间届满或者代理事务完成；(2) 被代理人取消委托或者代理人辞去委托；(3) 代理人丧失民事行为能力；(4) 代理人或者被代理人死亡；(5) 作为代理人或者被代理人的法人、非法人组织终止。

7. 答：根据《民法典》第 179 条第 1 款规定，承担民事责任的方式主要有：(1) 停止侵害；(2) 排除妨碍；(3) 消除危险；(4) 返还财产；(5) 恢复原状；(6) 修理、重作、更换；(7) 继续履行；(8) 赔偿损失；(9) 支付违约金；(10) 消除影响、恢复名誉；(11) 赔礼道歉。

8. 答：根据《民法典》第 724 条规定，有下列情形之一，非因承租人原因致使租赁物无法使用的，承租人可以解除合同：(1) 租赁物被司法机关或者行政机关依法查封、扣押；（2）租赁物权属有争议；（3）租赁物具有违反法律、行政法规关于使用条件的强制性规定情形。

9. 答：根据《民法典》第1020条规定，合理实施下列行为的，可以不经肖像权人同意：（1）为个人学习、艺术欣赏、课堂教学或者科学研究，在必要范围内使用肖像权人已经公开的肖像；（2）为实施新闻报道，不可避免地制作、使用、公开肖像权人的肖像；（3）为依法履行职责，国家机关在必要范围内制作、使用、公开肖像权人的肖像；（4）为展示特定公共环境，不可避免地制作、使用、公开肖像权人的肖像；（5）为维护公共利益或者肖像权人合法权益，制作、使用、公开肖像权人的肖像的其他行为。

10. 答：根据《民法典》第1033条规定，除法律另有规定或者权利人明确同意外，任何组织或者个人不得实施下列行为：（1）以电话、短信、即时通讯工具、电子邮件、传单等方式侵扰他人的私人生活安宁；（2）进入、拍摄、窥视他人的住宅、宾馆房间等私密空间；（3）拍摄、窥视、窃听、公开他人的私密活动；（4）拍摄、窥视他人身体的私密部位；（5）处理他人的私密信息；（6）以其他方式侵害他人的隐私权。

11. 答：根据《民法典》第1062条第1款规定，夫妻在婚姻关系存续期间所得的下列财产，为夫妻的共同财产，归夫妻共同所有：（1）工资、奖金、劳务报酬；（2）生产、经营、投资的收益；（3）知识产权的收益；（4）继承或者受赠的财产，但是本法第1063条第3项规定（遗嘱或者赠与合同中确定只归一方的财产）的除外；（5）其他应当归共同所有的财产。

12. 答：根据《民法典》第1091条规定，有下列情形之一，导致离婚的，无过错方有权请求损害赔偿：（1）重婚；（2）与他人同居；（3）实施家庭暴力；（4）虐待、遗弃家庭成员；（5）有其他重大过错。

13. 答：根据《民法典》第1219条规定，医务人员在诊疗活动中应当向患者说明病情和医疗措施。需要实施手术、特殊检查、特殊治疗的，医务人员应当及时向患者具体说明医疗风险、替代医疗方案等情况，并取得其明确同意；不能或者不宜向患者说明的，应当向患者的近亲属说明，并取得其明确同意。医务人员未尽到前款义务，造成患者损害的，医疗机构应当承担赔偿责任。根据《民法典》第1220条规定，因抢救生命垂危的患者等紧急情况，不能取得患者或者其近亲属意见的，经医疗机构负责人或者授权的负责人批准，可以立即实施相应的医疗措施。

14. 答：根据《民法典》第1235条规定，违反国家规定造成生态环境损害的，国家规定的机关或者法律规定的组织有权请求侵权人赔偿下列损失和费用：（1）生态环境受到损害至修复完成期间服务功能丧失导致的损失；（2）生态环境功能永久性损害造成的损失；（3）生态环境损害调查、鉴定评估等费用；（4）清除污染、修复生态环境费用；（5）防止损害的发生和扩大所支出的合理费用。

15. 答：根据《民法典》第 1252 条规定，建筑物、构筑物或者其他设施倒塌、塌陷造成他人损害的，由建设单位与施工单位承担连带责任，但是建设单位与施工单位能够证明不存在质量缺陷的除外。建设单位、施工单位赔偿后，有其他责任人的，有权向其他责任人追偿。因所有人、管理人、使用人或者第三人的原因，建筑物、构筑物或者其他设施倒塌、塌陷造成他人损害的，由所有人、管理人、使用人或者第三人承担侵权责任。

四、最高人民法院关于适用《中华人民共和国民法典》婚姻家庭编的解释（一）

（一）判断题

1. 持续性、经常性的家庭暴力，可以认定为《民法典》第 1042 条、第 1079 条、第 1091 条所称的“虐待”。（　　）
2. 人民法院根据当事人的请求，依法确认婚姻无效或者撤销婚姻的，应当收缴双方的结婚证书并将生效的判决书寄送当事人经常居住地的婚姻登记管理机关。（　　）
3. 军人的伤亡保险金、伤残补助金、医药生活补助费属于个人财产。（　　）
4. 父或者母向人民法院起诉请求否认亲子关系，并已提供必要证据予以证明，另一方没有相反证据又拒绝做亲子鉴定的，人民法院可以认定否认亲子关系一方的主张成立。（　　）
5. 父母不得因子女变更姓氏而拒付子女抚养费。父或者母擅自将子女姓氏改为继母或继父姓氏而引起纠纷的，应当责令恢复原姓氏。（　　）
6. 离婚时双方对尚未取得所有权或者尚未取得完全所有权的房屋有争议且协商不成的，人民法院不宜判决房屋所有权的归属，应当根据实际情况判决由实际占有人使用。（　　）
7. 离婚后，一方以尚有夫妻共同财产未处理为由向人民法院起诉请求分割的，经审查该财产确属离婚时未涉及的夫妻共同财产，人民法院应当依法予以分割。（　　）

（二）单项选择题

1. 当事人提起诉讼仅请求（　　）的，人民法院不予受理；已经受理的，裁定驳回起诉。

A. 解除同居关系　　　　B. 分割财产共同财产

C. 解除婚姻关系　　D. 子女抚养权

2. 人民法院审理重婚导致的无效婚姻案件时，涉及财产处理的，应当准许合法婚姻当事人作为（　　）参加诉讼。

A. 原告　　B. 被告

C. 第三人　　D. 有独立请求权的第三人

3. 下列关于夫妻共同财产的说法错误的是：（　　）

A. 由一方婚前承租、婚后用共同财产购买的房屋，登记在一方名下的，应当认定为夫妻共同财产

B. 一方未经另一方同意出售夫妻共同所有的房屋，第三人善意购买、支付合理对价并已办理不动产登记，另一方主张追回该房屋的，人民法院不予支持

C. 夫妻一方擅自处分共同所有的房屋造成另一方损失，离婚时另一方请求赔偿损失的，人民法院应予支持

D. 当事人结婚前，父母为双方购置房屋出资的，该出资一律应当认定为对自己子女个人的赠与

4. 有固定收入的，抚养费一般可以按其月总收入的（　　）的比例给付。负担2个以上子女抚养费的，比例可以适当提高，但一般不得超过月总收入的（　　）。

A. 20%至30%；50%　　B. 25%至35%；60%

C. 20%至30%；60%　　D. 25%至35%；50%

5. 夫妻双方分割共同财产中的股票、债券、投资基金份额等有价证券以及未上市股份有限公司股份时，协商不成或者按市价分配有困难的，人民法院可以根据数量（　　）。

A. 平均分配　　B. 按比例分配

C. 直接分配给男方　　D. 直接分配给女方

（三）多项选择题

1. 《民法典》第1042条、第1079条、第1091条规定的“与他人同居”的情形，是指有配偶者与婚外异性，不以夫妻名义，（　　）地共同居住。

A. 持续　　B. 间歇

C. 稳定　　D. 偶尔

2. 行为人以给另一方当事人或者其近亲属的（　）、财产等方面造成损害为要挟，迫使另一方当事人违背真实意愿结婚的，可以认定为《民法典》第 1052 条所称的“胁迫”。

A. 生命　　B. 身体

C. 健康　　D. 名誉

3.《民法典》第 1052 条规定的“一年”，不适用诉讼时效（　）的规定。

A. 中止　　B. 中断

C. 终止　　D. 延长

4. 婚姻关系存续期间，下列财产属于《民法典》第 1062 条规定的“其他应当归共同所有的财产”的是：（　）

A. 一方以个人财产投资取得的收益

B. 男女双方实际取得或者应当取得的住房补贴、住房公积金

C. 男女双方实际取得或者应当取得的基本养老金

D. 男女双方实际取得或者应当取得的破产安置补偿费

5. 下列关于夫妻共同财产的说法正确的是：（　）

A.《民法典》第 1063 条规定为夫妻一方的个人财产，可以因婚姻关系的延续而转化为夫妻共同财产

B. 债权人就一方婚前所负个人债务向债务人的配偶主张权利的，人民法院不予支持。但债权人能够证明所负债务用于婚后家庭共同生活的除外

C. 夫妻一方与第三人串通，虚构债务，第三人主张该债务为夫妻共同债务的，人民法院不予支持

D. 夫妻一方在从事赌博、吸毒等违法犯罪活动中所负债务，第三人主张该债务为夫妻共同债务的，人民法院不予支持

6. 对已满 2 周岁的未成年子女，父母均要求直接抚养，一方有哪些情形的，可予优先考虑？（　）

A. 已做绝育手术或者因其他原因丧失生育能力

B. 子女随其生活时间较长，改变生活环境对子女健康成长明显不利

C. 无其他子女，而另一方有其他子女

D. 子女随其生活，对子女成长有利，而另一方患有久治不愈的传染性疾

病或者其他严重疾病，或者有其他不利于子女身心健康的情形，不宜与子女共同生活

7. 夫妻双方协议离婚后就财产分割问题反悔，请求撤销财产分割协议的，人民法院应当受理。人民法院审理后，未发现订立财产分割协议时存在（　　）等情形的，应当依法驳回当事人的诉讼请求。

A. 不平等　　B. 不真实

C. 欺诈　　D. 胁迫

（四）填空题

1. 人民法院受理离婚案件后，经审理确属无效婚姻的，应当将婚姻无效的____告知当事人，并依法作出确认婚姻无效的____。
2. 夫妻一方个人财产在婚后产生的收益，除____和____外，应认定为夫妻共同财产。
3. 当事人的____或者人民法院生效判决、裁定、调解书已经对夫妻财产分割问题作出处理的，债权人仍____就夫妻共同债务向男女双方主张权利。
4. 当事人在履行生效判决、裁定或者调解书的过程中，一方请求中止探望的，人民法院在____双方当事人意见后，认为需要中止探望的，依法作出裁定；中止探望的情形消失后，人民法院应当根据当事人的请求____通知其恢复探望。
5. 人民法院审理离婚案件，涉及分割发放到军人名下的____、自主择业费等一次性费用的，以夫妻婚姻关系存续年限乘以____，所得数额为夫妻共同财产。
6. 夫妻之间订立借款协议，以夫妻共同财产出借给一方从事____或者用于____的，应____双方约定处分夫妻共同财产的行为，离婚时可以按照借款协议的约定处理。

（五）简答题

1. 简述人民法院支持当事人请求返还按照习俗给付的彩礼的情形。
2. 简述有权向人民法院就已办理结婚登记的婚姻请求确认婚姻无效的主体范围。

参考答案

（一）判断题

1. √，解析：根据《最高人民法院关于适用〈中华人民共和国民法典〉婚姻家庭编的解释（一）》（以下简称《民法典婚姻家庭编解释》）第 1 条规定。
2. ×，解析：根据《民法典婚姻家庭编解释》第 21 条规定，人民法院根据当事人的请求，依法确认婚姻无效或者撤销婚姻的，应当收缴双方的结婚证书并将生效的判决书寄送当地婚姻登记管理机关。
3. √，解析：根据《民法典婚姻家庭编解释》第 30 条规定。
4. √，解析：根据《民法典婚姻家庭编解释》第 39 条规定。
5. √，解析：根据《民法典婚姻家庭编解释》第 59 条规定。
6. ×，解析：根据《民法典婚姻家庭编解释》第 77 条规定，离婚时双方对尚未取得所有权或者尚未取得完全所有权的房屋有争议且协商不成的，人民法院不宜判决房屋所有权的归属，应当根据实际情况判决由当事人使用。当事人就前款规定的房屋取得完全所有权后，有争议的，可以另行向人民法院提起诉讼。
7. √，解析：根据《民法典婚姻家庭编解释》第 83 条规定。

（二）单项选择题

1. A，解析：根据《民法典婚姻家庭编解释》第 3 条规定，当事人提起诉讼仅请求解除同居关系的，人民法院不予受理；已经受理的，裁定驳回起诉。当事人因同居期间财产分割或者子女抚养纠纷提起诉讼的，人民法院应当受理。
2. D，解析：根据《民法典婚姻家庭编解释》第 16 条规定，人民法院审理重婚导致的无效婚姻案件时，涉及财产处理的，应当准许合法婚姻当事人作为有独立请求权的第三人参加诉讼。
3. D，解析：根据《民法典婚姻家庭编解释》第 27 条规定，由一方婚前承租、婚后用共同财产购买的房屋，登记在一方名下的，应当认定为夫妻共同财产。根据《民法典婚姻家庭编解释》第 28 条规定，一方未经另一方同意出售夫妻共同所有的房屋，第三人善意购买、支付合理对价并已办理不动产登记，另一方主张追回该房屋的，人民法院不予支持。夫妻一方擅自处分共同所有的房屋造成另一方损失，离婚时另一方请求赔偿损失的，人民法院应予支持。根据《民法典婚姻家庭编解释》第 29 条规定，当事人结婚前，父母为双方购置房屋出资的，该出资应当认定为对自己子女个人的赠与，但父母明确表示赠与双方的除外。当事人结婚后，父母为双方购置房屋出资的，依照约定处理；没有约定或者约定不明确的，按照《民法典》第 1062 条第 1 款第 4 项规定的原则处理。

4. A，解析：根据《民法典婚姻家庭编解释》第 49 条规定，抚养费的数额，可以根据子女的实际需要、父母双方的负担能力和当地的实际生活水平确定。有固定收入的，抚养费一般可以按其月总收入的 20%至 30%的比例给付。负担 2 个以上子女抚养费的，比例可以适当提高，但一般不得超过月总收入的 50%。无固定收入的，抚养费的数额可以依据当年总收入或者同行业平均收入，参照上述比例确定。有特殊情况的，可以适当提高或者降低上述比例。
5. B，解析：根据《民法典婚姻家庭编解释》第 72 条规定，夫妻双方分割共同财产中的股票、债券、投资基金份额等有价证券以及未上市股份有限公司股份时，协商不成或者按市价分配有困难的，人民法院可以根据数量按比例分配。

（三）多项选择题

1. AC，解析：根据《民法典婚姻家庭编解释》第 2 条规定，《民法典》第 1042 条、第 1079 条、第 1091 条规定的“与他人同居”的情形，是指有配偶者与婚外异性，不以夫妻名义，持续、稳定地共同居住。
2. ABCD，解析：根据《民法典婚姻家庭编解释》第 18 条规定，行为人以给另一方当事人或者其近亲属的生命、身体、健康、名誉、财产等方面造成损害为要挟，迫使另一方当事人违背真实意愿结婚的，可以认定为《民法典》第 1052 条所称的“胁迫”。因受胁迫而请求撤销婚姻的，只能是受胁迫一方的婚姻关系当事人本人。
3. ABD，解析：根据《民法典婚姻家庭编解释》第 19 条规定，《民法典》第 1052 条规定的“一年”，不适用诉讼时效中止、中断或者延长的规定。受胁迫或者被非法限制人身自由的当事人请求撤销婚姻的，不适用《民法典》第 152 条第 2 款的规定。
4. ABCD，解析：根据《民法典婚姻家庭编解释》第 25 条规定，婚姻关系存续期间，下列财产属于《民法典》第 1062 条规定的“其他应当归共同所有的财产”：（1）一方以个人财产投资取得的收益；（2）男女双方实际取得或者应当取得的住房补贴、住房公积金；（3）男女双方实际取得或者应当取得的基本养老金、破产安置补偿费。

5. BCD，解析：根据《民法典婚姻家庭编解释》第 31 条规定，《民法典》第 1063 条规定为夫妻一方的个人财产，不因婚姻关系的延续而转化为夫妻共同财产。但当事人另有约定的除外。根据《民法典婚姻家庭编解释》第 33 条规定，债权人就一方婚前所负个人债务向债务人的配偶主张权利的，人民法院不予支持。但债权人能够证明所负债务用于婚后家庭共同生活的除外。根据《民法典婚姻家庭编解释》第 34 条规定，夫妻一方与第三人串通，虚构债务，第三人主张该债务为夫妻共同债务的，人民法院不予支持。夫妻一方在从事赌博、吸毒等违法犯罪活动中所负债务，第三人主张该债务为夫妻共同债务的，人民法院不予支持。
6. ABCD，解析：根据《民法典婚姻家庭编解释》第 46 条规定，对已满 2 周岁的未成年子女，父母均要求直接抚养，一方有下列情形之一的，可予优先考虑：（1）已做绝育手术或者因其他原因丧失生育能力；（2）子女随其生活时间较长，改变生活环境对子女健康成长明显不利；（3）无其他子女，而另一方有其他子女；（4）子女随其生活，对子女成长有利，而另一方患有久治不愈的传染性疾病或者其他严重疾病，或者有其他不利于子女身心健康的情形，不宜与子女共同生活。
7. CD，解析：根据《民法典婚姻家庭编解释》第 70 条规定，夫妻双方协议离婚后就财产分割问题反悔，请求撤销财产分割协议的，人民法院应当受理。人民法院审理后，未发现订立财产分割协议时存在欺诈、胁迫等情形的，应当依法驳回当事人的诉讼请求。

（四）填空题

1. 情形；判决。（《民法典婚姻家庭编解释》第 12 条）
2. 孳息；自然增值。（《民法典婚姻家庭编解释》第 26 条）
3. 离婚协议；有权。（《民法典婚姻家庭编解释》第 35 条）
4. 征询；书面。（《民法典婚姻家庭编解释》第 66 条）
5. 复员费；年平均值。（《民法典婚姻家庭编解释》第 71 条）
6. 个人经营活动；其他个人事务；视为。（《民法典婚姻家庭编解释》第 82 条）

（五）简答题

1. 答：根据《民法典婚姻家庭编解释》第 5 条规定，当事人请求返还按照习俗给付的彩礼的，如果查明属于以下情形，人民法院应当予以支持：（1）双方未办理结婚登记手续；（2）双方办理结婚登记手续但确未共同生活；（3）婚前给付并导致给付人生活困难。适用前款第 2 项、第 3 项的规定，应当以双方离婚为条件。

2. 答：根据《民法典婚姻家庭编解释》第 9 条规定，有权依据《民法典》第 1051 条规定向人民法院就已办理结婚登记的婚姻请求确认婚姻无效的主体，包括婚姻当事人及利害关系人。其中，利害关系人包括：（1）以重婚为由的，为当事人的近亲属及基层组织；（2）以未到法定婚龄为由的，为未到法定婚龄者的近亲属；（3）以有禁止结婚的亲属关系为由的，为当事人的近亲属。

五、婚姻登记条例

（一）判断题

1. 内地居民办理婚姻登记的机关是县级人民政府民政部门或者乡（镇）人民政府，省、自治区、直辖市人民政府可以按照便民原则确定农村居民办理婚姻登记的具体机关。（　　）
2. 婚姻登记机关应当对结婚登记当事人出具的证件、证明材料进行审查并询问相关情况。对当事人符合结婚条件的，应当当场予以登记，发给结婚证；对当事人不符合结婚条件不予登记的，应当向当事人说明理由。（　　）
3. 内地居民自愿离婚的，男女双方应当共同到双方当事人常住户口所在地的婚姻登记机关办理离婚登记。（　　）

（二）单项选择题

1. 婚姻登记机关办理婚姻登记，除按收费标准向当事人收取（　　）外，不得收取其他费用或者附加其他义务。

   A. 服务费　　B. 工本费
   C. 材料费　　D. 税费

2. 办理离婚登记的内地居民不必出具的证件和证明材料是：（　　）

   A. 本人的户口簿、身份证
   B. 本人的结婚证
   C. 双方当事人共同签署的离婚协议书
   D. 双方父母同意书

（三）多项选择题

1. 办理结婚登记的当事人有哪些情形的，婚姻登记机关不予登记？（　　）

   A. 未到法定结婚年龄的

B. 患有医学上认为不应当结婚的疾病的

C. 一方或者双方已有配偶的

D. 属于直系血亲或者三代以内旁系血亲的

2. 办理离婚登记的当事人有哪些情形的，婚姻登记机关不予受理？（ ）

A. 未达成离婚协议的

B. 属于无民事行为能力人或者限制民事行为能力人的

C. 其结婚登记不是在中国内地办理的

D. 有未成年人需要抚养的

（四）填空题

1. 中国公民同外国人在____结婚的，内地居民同香港居民、澳门居民、台湾居民、华侨在中国内地结婚的，男女双方应当共同到内地居民____的婚姻登记机关办理结婚登记。
2. 婚姻登记机关应当对离婚登记当事人出具的证件、证明材料进行审查并____相关情况。对当事人确属____离婚，并已对子女抚养、财产、债务等问题____处理意见的，应当当场予以登记，发给离婚证。
3. 结婚证、离婚证____或者____的，当事人可以持户口簿、身份证向原办理婚姻登记的机关或者一方当事人常住户口所在地的婚姻登记机关申请____。婚姻登记机关对当事人的婚姻登记档案进行____，确认属实的，应当为当事人____结婚证、离婚证。

（五）简答题

简述办理结婚登记的内地居民应当出具的证件和证明材料

参考答案

（一）判断题

1. √，解析：根据《婚姻登记条例》第 2 条规定。
2. √，解析：根据《婚姻登记条例》第 7 条规定。
3. ×，解析：根据《婚姻登记条例》第 10 条第 1 款规定，内地居民自愿离婚的，男女双方应当共同到一方当事人常住户口所在地的婚姻登记机关办理离婚登记。

（二）单项选择题

1. B，解析：根据《婚姻登记条例》第 3 条第 2 款规定，婚姻登记机关办理婚姻登记，除按收费标准向当事人收取工本费外，不得收取其他费用或者附加其他义务。
2. D，解析：根据《婚姻登记条例》第 11 条第 1 款规定，办理离婚登记的内地居民应当出具下列证件和证明材料：（1）本人的户口簿、身份证；（2）本人的结婚证；（3）双方当事人共同签署的离婚协议书。

（三）多项选择题

1. ABCD，解析：根据《婚姻登记条例》第 6 条规定，办理结婚登记的当事人有下列情形之一的，婚姻登记机关不予登记：（1）未到法定结婚年龄的；（2）非双方自愿的；（3）一方或者双方已有配偶的；（4）属于直系血亲或者三代以内旁系血亲的；（5）患有医学上认为不应当结婚的疾病的。
2. ABC，解析：根据《婚姻登记条例》第 12 条规定，办理离婚登记的当事人有下列情形之一的，婚姻登记机关不予受理：（1）未达成离婚协议的；（2）属于无民事行为能力人或者限制民事行为能力人的；（3）其结婚登记不是在中国内地办理的。

（四）填空题

1. 中国内地；常住户口所在地。（《婚姻登记条例》第 4 条）
2. 询问；自愿；达成一致。（《婚姻登记条例》第 13 条）
3. 遗失；损毁；补领；查证；补发。（《婚姻登记条例》第 17 条）

（五）简答题

答：根据《婚姻登记条例》第 5 条规定，办理结婚登记的内地居民应当出具下列证件和证明材料：（1）本人的户口簿、身份证；（2）本人无配偶以及与对方当事人没有直系血亲和三代以内旁系血亲关系的签字声明。

办理结婚登记的香港居民、澳门居民、台湾居民应当出具下列证件和证明材料：（1）本人的有效通行证、身份证；（2）经居住地公证机构公证的本人无配偶以及与对方当事人没有直系血亲和三代以内旁系血亲关系的声明。

办理结婚登记的华侨应当出具下列证件和证明材料：（1）本人的有效护照；（2）居住国公证机构或者有权机关出具的、经中华人民共和国驻该国使（领）馆认证的本人无配偶以及与对方当事人没有直系血亲和三代以内旁系血亲关系的证明，或者中华人民共和国驻该国使（领）馆出具的本人无配偶以及与对方当事人没有直系血亲和三代以内旁系血亲关系的证明。

办理结婚登记的外国人应当出具下列证件和证明材料：（1）本人的有效护照或者其他有效的国际旅行证件；（2）所在国公证机构或者有权机关出具的、经中华人民共和国驻该国使（领）馆认证或者该国驻华使（领）馆认证的本人无配偶的证明，或者所在国驻华使（领）馆出具的本人无配偶的证明。

六、人口与计划生育法

(一) 判断题

1. 为了实现人口与经济、社会、资源、环境的协调发展，推行计划生育，维护公民的合法权益，促进家庭幸福、民族繁荣与社会进步，根据宪法，制定《人口与计划生育法》。(　　)
2. 县级以上各级人民政府负责本管辖区域内的人口与计划生育工作，贯彻落实人口与计划生育实施方案。(　　)
3. 夫妻双方户籍所在地的省、自治区、直辖市之间关于再生育子女的规定不一致的，按照有利于女方的原则适用。(　　)
4. 符合法律、法规规定生育子女的夫妻，应当获得延长生育假的奖励或者其他福利待遇。国家支持有条件的地方设立父母育儿假。(　　)
5. 严禁利用超声技术和其他技术手段进行非医学需要的胎儿性别鉴定；严禁非医学需要的选择性别的人工终止妊娠。(　　)
6. 拒绝、阻碍卫生健康主管部门及其工作人员依法执行公务的，由卫生健康主管部门给予批评教育并予以制止；构成违反治安管理行为的，依法给予治安管理处罚；构成犯罪的，依法追究刑事责任。(　　)

(二) 单项选择题

1. 人口与计划生育实施方案应当规定（　　）人口数量，提高人口素质，推动实现适度生育水平，优化人口结构，加强母婴保健和婴幼儿照护服务，促进家庭发展的措施。

   A. 调控　　B. 调节

   C. 调整　　D. 控制

2. 国家提倡适龄婚育、优生优育。一对夫妻可以生育（　　）个子女。

   A. 2　　B. 3

   C. 4　　D. 5

3. 下列关于托育服务体系的说法错误的是：（　　）

A. 县级以上各级人民政府综合采取规划、土地、住房、财政、金融、人才等措施，推动建立普惠托育服务体系，提高婴幼儿家庭获得服务的可及性和公平性

B. 国家鼓励和引导社会力量兴办托育机构，支持幼儿园和机关、企业事业单位、社区提供托育服务

C. 托育机构的设置和服务应当符合托育服务相关标准和规范

D. 托育机构应当向市级人民政府卫生健康主管部门备案

4. 下列关于婴幼儿活动场所及配套服务的说法错误的是：（　　）

A. 县级以上地方各级人民政府应当在城乡社区建设改造中，建设与常住人口规模相适应的婴幼儿活动场所及配套服务设施

B. 公共场所和女职工比较多的用人单位可以配置母婴设施，为婴幼儿照护、哺乳提供便利条件

C. 县级以上各级人民政府应当加强对家庭婴幼儿照护的支持和指导，增强家庭的科学育儿能力

D. 医疗卫生机构应当按照规定为婴幼儿家庭开展预防接种、疾病防控等服务，提供膳食营养、生长发育等健康指导

5. 获得《独生子女父母光荣证》的夫妻，独生子女发生意外伤残、死亡的，按照规定获得扶助。县级以上各级人民政府建立、健全对上述人群的生活、养老、医疗、精神慰藉等全方位（　　）保障制度。

A. 扶助　　B. 救助

C. 帮扶　　D. 帮助

6. 违反《人口与计划生育法》规定，非法为他人施行计划生育手术的，由卫生健康主管部门责令改正，给予警告，没收违法所得；违法所得1万元以上的，处违法所得（　　）的罚款；没有违法所得或者违法所得不足1万元的，处1万元以上3万元以下的罚款；情节严重的，由原发证机关吊销执业证书；构成犯罪的，依法追究刑事责任。

A. 1倍以上3倍以下　　B. 2倍以上6倍以下

C. 3倍以上8倍以下　　D. 5倍以上10倍以下

7. 托育机构有虐待婴幼儿行为的，其直接负责的主管人员和其他直接责任人员（　　）不得从事婴幼儿照护服务；构成犯罪的，依法追究刑事责任。

A. 5年内　　B. 10年内

C. 20年内　　D. 终身

（三）多项选择题

1. 下列关于人口与计划生育的说法正确的是：（　　）

A. 国务院领导全国的人口与计划生育工作

B. 地方各级人民政府领导本行政区域内的人口与计划生育工作

C. 国务院卫生健康主管部门负责全国计划生育工作和与计划生育有关的人口工作

D. 县级以上地方各级人民政府卫生健康主管部门负责本行政区域内的计划生育工作和与计划生育有关的人口工作

2. 下列关于人口与计划生育的说法正确的是：（　　）

A. 国家根据国民经济和社会发展状况逐步提高人口与计划生育经费投入的总体水平。各级人民政府应当保障人口与计划生育工作必要的经费

B. 各级人民政府应当对欠发达地区、少数民族地区开展人口与计划生育工作给予重点扶持

C. 国家鼓励社会团体、企业事业组织和个人为人口与计划生育工作提供捐助

D. 任何单位和个人不得截留、克扣、挪用人口与计划生育工作费用

3. 下列关于生育调节的说法正确的是：（　　）

A. 国家创造条件，保障公民知情选择安全、有效、适宜的避孕节育措施

B. 育龄夫妻自主选择计划生育避孕节育措施，预防和减少非意愿妊娠

C. 实行计划生育的育龄夫妻享受国家规定的基本项目的计划生育技术服务费用的减免

D. 禁止歧视、虐待生育女婴的妇女和不育的妇女

4. 国家机关工作人员在计划生育工作中，有下列哪些行为的，构成犯罪的，依法追究刑事责任；尚不构成犯罪的，依法给予处分；有违法所得的，

没收违法所得？（　　）

A. 滥用职权、玩忽职守、徇私舞弊的

B. 索取、收受贿赂的

C. 截留、克扣、挪用、贪污计划生育经费的

D. 虚报、瞒报、伪造、篡改或者拒报人口与计划生育统计数据的

（四）填空题

1. 国家依靠____、科学技术进步、综合服务、建立健全奖励和____制度，开展人口与计划生育工作。
2. 县级以上地方各级人民政府根据全国人口发展规划以及____人民政府人口发展规划，结合当地____编制本行政区域的人口发展规划，并将其纳入国民经济和社会发展计划。
3. 公民有生育的权利，也有依法实行____的义务，夫妻双方在实行计划生育中负有____的责任。
4. 国家建立、健全基本养老保险、____、____和社会福利等社会保障制度，促进计划生育。国家鼓励保险公司举办____计划生育的保险项目。
5. 在国家提倡一对夫妻生育一个子女期间，____终身只生育一个子女的夫妻，国家发给____。
6. 医疗卫生机构应当针对____开展优生优育知识宣传教育，对育龄妇女开展围孕期、____保健服务，承担计划生育、____、生殖保健的咨询、指导和技术服务，规范开展不孕不育症诊疗。

参考答案

（一）判断题

1. √，解析：根据《人口与计划生育法》第1条规定。
2. ×，解析：根据《人口与计划生育法》第10条规定，县级以上各级人民政府根据人口发展规划，制定人口与计划生育实施方案并组织实施。县级以上各级人民政府卫生健康主管部门负责实施人口与计划生育实施方案的日常工作。乡、民族乡、镇的人民政府和城市街道办事处负责本管辖区域内的人口与计

划生育工作，贯彻落实人口与计划生育实施方案。

3. ×，解析：根据《人口与计划生育法》第18条第4款规定，夫妻双方户籍所在地的省、自治区、直辖市之间关于再生育子女的规定不一致的，按照有利于当事人的原则适用。

4. ×，解析：根据《人口与计划生育法》第25条规定，符合法律、法规规定生育子女的夫妻，可以获得延长生育假的奖励或者其他福利待遇。国家支持有条件的地方设立父母育儿假。

5. √，解析：根据《人口与计划生育法》第39条规定。

6. √，解析：根据《人口与计划生育法》第45条规定。

（二）单项选择题

1. A，解析：根据《人口与计划生育法》第11条规定，人口与计划生育实施方案应当规定调控人口数量，提高人口素质，推动实现适度生育水平，优化人口结构，加强母婴保健和婴幼儿照护服务，促进家庭发展的措施。

2. B，解析：根据《人口与计划生育法》第18条第1款规定，国家提倡适龄婚育、优生优育。一对夫妻可以生育3个子女。

3. D，解析：根据《人口与计划生育法》第28条规定，县级以上各级人民政府综合采取规划、土地、住房、财政、金融、人才等措施，推动建立普惠托育服务体系，提高婴幼儿家庭获得服务的可及性和公平性。国家鼓励和引导社会力量兴办托育机构，支持幼儿园和机关、企业事业单位、社区提供托育服务。托育机构的设置和服务应当符合托育服务相关标准和规范。托育机构应当向县级人民政府卫生健康主管部门备案。

4. B，解析：根据《人口与计划生育法》第29条规定，县级以上地方各级人民政府应当在城乡社区建设改造中，建设与常住人口规模相适应的婴幼儿活动场所及配套服务设施。公共场所和女职工比较多的用人单位应当配置母婴设施，为婴幼儿照护、哺乳提供便利条件。根据《人口与计划生育法》第30条规定，县级以上各级人民政府应当加强对家庭婴幼儿照护的支持和指导，增强家庭的科学育儿能力。医疗卫生机构应当按照规定为婴幼儿家庭开展预防接种、疾病防控等服务，提供膳食营养、生长发育等健康指导。

5. C，解析：根据《人口与计划生育法》第32条规定，获得《独生子女父母光荣证》的夫妻，独生子女发生意外伤残、死亡的，按照规定获得扶助。县级以上各级人民政府建立、健全对上述人群的生活、养老、医疗、精神慰藉等全方位帮扶保障制度。

6. B，解析：根据《人口与计划生育法》第 40 条规定，违反本法规定，有下列行为之一的，由卫生健康主管部门责令改正，给予警告，没收违法所得；违法所得 1 万元以上的，处违法所得 2 倍以上 6 倍以下的罚款；没有违法所得或者违法所得不足 1 万元的，处 1 万元以上 3 万元以下的罚款；情节严重的，由原发证机关吊销执业证书；构成犯罪的，依法追究刑事责任：（1）非法为他人施行计划生育手术的；（2）利用超声技术和其他技术手段为他人进行非医学需要的胎儿性别鉴定或者选择性别的人工终止妊娠的。
7. D，解析：根据《人口与计划生育法》第 41 条第 2 款规定，托育机构有虐待婴幼儿行为的，其直接负责的主管人员和其他直接责任人员终身不得从事婴幼儿照护服务；构成犯罪的，依法追究刑事责任。

（三）多项选择题

1. ABCD，解析：根据《人口与计划生育法》第 5 条规定，国务院领导全国的人口与计划生育工作。地方各级人民政府领导本行政区域内的人口与计划生育工作。

   根据《人口与计划生育法》第 6 条规定，国务院卫生健康主管部门负责全国计划生育工作和与计划生育有关的人口工作。县级以上地方各级人民政府卫生健康主管部门负责本行政区域内的计划生育工作和与计划生育有关的人口工作。县级以上各级人民政府其他有关部门在各自的职责范围内，负责有关的人口与计划生育工作。
2. ABCD，解析：根据《人口与计划生育法》第 15 条规定，国家根据国民经济和社会发展状况逐步提高人口与计划生育经费投入的总体水平。各级人民政府应当保障人口与计划生育工作必要的经费。各级人民政府应当对欠发达地区、少数民族地区开展人口与计划生育工作给予重点扶持。国家鼓励社会团体、企业事业组织和个人为人口与计划生育工作提供捐助。任何单位和个人不得截留、克扣、挪用人口与计划生育工作费用。
3. ABD，解析：根据《人口与计划生育法》第 19 条规定，国家创造条件，保障公民知情选择安全、有效、适宜的避孕节育措施。实施避孕节育手术，应当保证受术者的安全。根据《人口与计划生育法》第 20 条规定，育龄夫妻自主选择计划生育避孕节育措施，预防和减少非意愿妊娠。根据《人口与计划生育法》第 21 条规定，实行计划生育的育龄夫妻免费享受国家规定的基本项目的计划生育技术服务。前款规定所需经费，按照国家有关规定列入财政预算或者由社会保险予以保障。根据《人口与计划生育法》第 22 条规定，禁止歧视、虐待生育女婴的妇女和不育的妇女。禁止歧视、虐待、遗弃女婴。

4. ABCD，解析：根据《人口与计划生育法》第 43 条规定，国家机关工作人员在计划生育工作中，有下列行为之一，构成犯罪的，依法追究刑事责任；尚不构成犯罪的，依法给予处分；有违法所得的，没收违法所得：（1）侵犯公民人身权、财产权和其他合法权益的；（2）滥用职权、玩忽职守、徇私舞弊的；（3）索取、收受贿赂的；（4）截留、克扣、挪用、贪污计划生育经费的；（5）虚报、瞒报、伪造、篡改或者拒报人口与计划生育统计数据的。

（四）填空题

1. 宣传教育；社会保障。（《人口与计划生育法》第 2 条）
2. 上一级；实际情况。（《人口与计划生育法》第 9 条）
3. 计划生育；共同。（《人口与计划生育法》第 17 条）
4. 基本医疗保险；生育保险；有利于。（《人口与计划生育法》第 24 条）
5. 自愿；《独生子女父母光荣证》。（《人口与计划生育法》第 31 条）
6. 育龄人群；孕产期；优生优育。（《人口与计划生育法》第 37 条）

七、母婴保健法

（一）判断题

1. 国家发展母婴保健事业，提供必要条件和物质帮助，使母亲和婴儿获得医疗保健服务。国家对边远贫困地区的母婴保健事业给予扶持。（　　）
2. 接受婚前医学检查的人员对检查结果持有异议的，必须申请医学技术鉴定，取得医学鉴定证明。（　　）
3. 经产前检查，医师发现或者怀疑胎儿异常的，可以对孕妇进行产前诊断。（　　）

（二）单项选择题

生育过严重缺陷患儿的妇女再次妊娠前，夫妻双方应当到（　　）医疗保健机构接受医学检查。

A. 县级以上　　B. 县级

C. 市级以上　　D. 市级

（三）多项选择题

婚前医学检查是对下列哪些疾病的检查？（　　）

A. 严重遗传性疾病　　B. 指定传染病

C. 有关精神病　　D. 不孕不育症

（四）填空题

1. 国家____母婴保健领域的教育和科学研究，____先进、实用的母婴保健技术，____母婴保健科学知识。
2. 经婚前医学检查，对患指定传染病在传染期内或者有关精神病在____内的，医师应当提出医学意见；准备结婚的男女双方应当____结婚。
3. 对患____或者接触致畸物质，妊娠可能危及孕妇生命安全或者可能严重影响孕妇健康和胎儿____的，医疗保健机构应当予以____。

4. 医疗保健机构为产妇提供科学育儿、合理营养和____的指导。医疗保健机构对婴儿进行体格检查和____，逐步开展新生儿疾病筛查、婴儿多发病和常见病防治等医疗保健服务。

（五）简答题

1. 简述婚前保健服务包括的内容。
2. 简述孕产期保健服务包括的内容。

参考答案

（一）判断题

1. √，解析：根据《母婴保健法》第 2 条规定。
2. ×，解析：根据《母婴保健法》第 11 条规定，接受婚前医学检查的人员对检查结果持有异议的，可以申请医学技术鉴定，取得医学鉴定证明。
3. ×，解析：根据《母婴保健法》第 17 条规定，经产前检查，医师发现或者怀疑胎儿异常的，应当对孕妇进行产前诊断。

（二）单项选择题

A，解析：根据《母婴保健法》第 20 条规定，生育过严重缺陷患儿的妇女再次妊娠前，夫妻双方应当到县级以上医疗保健机构接受医学检查。

（三）多项选择题

ABC，解析：根据《母婴保健法》第 8 条规定，婚前医学检查包括对下列疾病的检查：（1）严重遗传性疾病；（2）指定传染病；（3）有关精神病。经婚前医学检查，医疗保健机构应当出具婚前医学检查证明。

（四）填空题

1. 鼓励、支持；推广；普及。（《母婴保健法》第 5 条）
2. 发病期；暂缓。（《母婴保健法》第 9 条）
3. 严重疾病；正常发育；医学指导。（《母婴保健法》第 15 条）
4. 母乳喂养；预防接种。（《母婴保健法》第 24 条）

（五）简答题

1. 答：根据《母婴保健法》第7条规定，医疗保健机构应当为公民提供婚前保健服务。婚前保健服务包括下列内容：（1）婚前卫生指导：关于性卫生知识、生育知识和遗传病知识的教育；（2）婚前卫生咨询：对有关婚配、生育保健等问题提供医学意见；（3）婚前医学检查：对准备结婚的男女双方可能患影响结婚和生育的疾病进行医学检查。
2. 答：根据《母婴保健法》第14条规定，医疗保健机构应当为育龄妇女和孕产妇提供孕产期保健服务。孕产期保健服务包括下列内容：（1）母婴保健指导：对孕育健康后代以及严重遗传性疾病和碘缺乏病等地方病的发病原因、治疗和预防方法提供医学意见；（2）孕妇、产妇保健：为孕妇、产妇提供卫生、营养、心理等方面的咨询和指导以及产前定期检查等医疗保健服务；（3）胎儿保健：为胎儿生长发育进行监护，提供咨询和医学指导；（4）新生儿保健：为新生儿生长发育、哺乳和护理提供医疗保健服务。

八、义务教育法

（一）判断题

1. 凡具有中华人民共和国国籍的适龄儿童、少年，不分性别、民族、种族、家庭财产状况、宗教信仰等，依法享有平等接受义务教育的权利，并履行接受义务教育的义务。（　）
2. 县级人民政府教育行政部门和乡镇人民政府组织和督促适龄儿童、少年入学，帮助解决适龄儿童、少年接受义务教育的困难，采取措施防止适龄儿童、少年辍学。（　）

（二）单项选择题

1. 任何社会组织或者个人有权对违反《义务教育法》的行为向有关国家机关提出检举或者控告。发生违反《义务教育法》的重大事件，妨碍义务教育实施，造成重大社会影响的，负有领导责任的人民政府或者人民政府教育行政部门负责人应当（　　）。

   A. 引咎辞职　　B. 辞职
   C. 辞退　　D. 降职

2. 根据国家有关规定经批准招收适龄儿童、少年进行文艺、体育等专业训练的社会组织，应当保证所招收的适龄儿童、少年接受义务教育；自行实施义务教育的，应当经（　　）批准。

   A. 县级人民政府
   B. 县级人民政府教育行政部门
   C. 县级以上地方人民政府
   D. 县级以上地方人民政府教育行政部门

（三）多项选择题

1. 教育教学工作应当符合教育规律和学生身心发展特点，面向全体学生，教书育人，将（　　）等有机统一在教育教学活动中，注重培养学生独立思考能力、创新能力和实践能力，促进学生全面发展。

A. 德育　　B. 智育

C. 体育　　D. 美育

2. 适龄儿童、少年的父母或者其他法定监护人无正当理由未依照《义务教育法》规定送适龄儿童、少年入学接受义务教育的，由当地（　　）给予批评教育，责令限期改正。

A. 乡镇人民政府

B. 县级人民政府教育行政部门

C. 县级人民政府

D. 教育行政部门

（四）填空题

1. ____及其有关部门应当履行《义务教育法》规定的各项职责，保障____、少年接受义务教育的权利。

2. 凡年满____周岁的儿童，其父母或者其他法定监护人应当送其入学接受并完成义务教育；条件不具备的地区的儿童，可以推迟到____周岁。

3. 各级人民政府及其有关部门依法维护学校____秩序，保护学生、教师、学校的合法权益，为学校提供____保障。

参考答案

（一）判断题

1. √，解析：根据《义务教育法》第4条规定。

2. √，解析：根据《义务教育法》第13条规定。

（二）单项选择题

1. A，解析：根据《义务教育法》第9条规定，任何社会组织或者个人有权对违反本法的行为向有关国家机关提出检举或者控告。发生违反本法的重大事件，妨碍义务教育实施，造成重大社会影响的，负有领导责任的人民政府或者人民政府教育行政部门负责人应当引咎辞职。

2. B，解析：根据《义务教育法》第 14 条规定，禁止用人单位招用应当接受义务教育的适龄儿童、少年。根据国家有关规定经批准招收适龄儿童、少年进行文艺、体育等专业训练的社会组织，应当保证所招收的适龄儿童、少年接受义务教育；自行实施义务教育的，应当经县级人民政府教育行政部门批准。

（三）多项选择题

1. ABCD，解析：根据《义务教育法》第 34 条规定，教育教学工作应当符合教育规律和学生身心发展特点，面向全体学生，教书育人，将德育、智育、体育、美育等有机统一在教育教学活动中，注重培养学生独立思考能力、创新能力和实践能力，促进学生全面发展。
2. AB，解析：根据《义务教育法》第 58 条规定，适龄儿童、少年的父母或者其他法定监护人无正当理由未依照本法规定送适龄儿童、少年入学接受义务教育的，由当地乡镇人民政府或者县级人民政府教育行政部门给予批评教育，责令限期改正。

（四）填空题

1. 各级人民政府；适龄儿童。（《义务教育法》第 5 条）
2. 6；7。（《义务教育法》第 11 条）
3. 周边；安全。（《义务教育法》第 23 条）

九、劳动法

（一）判断题

1.《劳动法》不包括社会保险和福利的内容。（　　）

2. 在中华人民共和国境内的企业、个体经济组织和与之形成劳动关系的劳动者，适用《劳动法》。（　　）

3. 妇女享有与男子平等的就业权利。在录用职工时，除国家规定的不适合妇女的工种或者岗位外，不得以性别为由拒绝录用妇女或者提高对妇女的录用标准。（　　）

4. 建立劳动关系可以不订立劳动合同。（　　）

5. 劳动合同不具有法律约束力。（　　）

6. 劳动合同不能解除。（　　）

7. 用人单位依据规定裁减人员，在6个月内录用人员的，应当优先录用被裁减的人员。（　　）

8. 企业职工一方与企业可以就劳动报酬、工作时间、休息休假、劳动安全卫生、保险福利等事项，签订集体合同。（　　）

9. 用人单位应当保证劳动者每周至少休息1日。（　　）

10. 用人单位必须为劳动者提供符合国家规定的劳动安全卫生条件和必要的劳动防护用品，对从事有职业危害作业的劳动者应当不定期进行健康检查。（　　）

11. 可以安排女职工从事矿山井下、国家规定的第四级体力劳动强度的劳动。（　　）

12. 劳动者死亡后，其遗属不能享受遗属津贴。（　　）

13. 用人单位招用尚未解除劳动合同的劳动者，对原用人单位造成经济损失的，该用人单位不用承担连带赔偿责任。（　　）

（二）单项选择题

1. 为了保护劳动者的合法权益，调整劳动关系，建立和维护适应社会主义市场经济的劳动制度，促进经济发展和社会进步，根据（　　），制定《劳动法》。

A. 宪法　　B. 民法典

C. 公司法　　D. 经济法

2. 国家支持劳动者自愿组织起来就业和从事（　　）实现就业。

A. 生产经营　　B. 国营企业工作

C. 个体经营　　D. 民营企业工作

3. 劳动者在同一用人单位连续工作满（　　）年以上，当事人双方同意续延劳动合同的，如果劳动者提出订立无固定期限的劳动合同，应当订立无固定期限的劳动合同。

A. 1　　B. 3

C. 5　　D. 10

4. 劳动合同可以约定试用期。试用期最长不得超过（　　）个月。

A. 3　　B. 6

C. 9　　D. 12

5. 国家实行劳动者每日工作时间不超过（　　）小时、平均每周工作时间不超过（　　）小时的工时制度。

A. 8；40　　B. 8；44

C. 7；40　　D. 7；44

6. 劳动争议当事人对仲裁裁决不服的，可以自收到仲裁裁决书之日起（　　）日内向人民法院提起诉讼。一方当事人在法定期限内不起诉又不履行仲裁裁决的，另一方当事人可以申请人民法院强制执行。

A. 3　　B. 10

C. 15　　D. 30

（三）多项选择题

1. 劳动者享有的权利有：（　　）

A. 平等就业和选择职业的权利
B. 取得劳动报酬的权利
C. 休息休假的权利
D. 接受职业技能培训的权利

2. 国家提倡劳动者参加社会义务劳动，开展劳动竞赛和合理化建议活动，鼓励和保护劳动者进行哪些活动？（　　）

A. 科学研究
B. 带薪休假
C. 技术革新
D. 发明创造

3. 劳动者就业，不因（　　）不同而受歧视。

A. 民族
B. 种族
C. 性别
D. 宗教信仰

4. 用人单位可以招用哪些年龄的人？（　　）

A. 16 周岁
B. 44 周岁
C. 20 周岁
D. 18 周岁

5. 订立和变更劳动合同，应当遵循（　　）的原则，不得违反法律、行政法规的规定。

A. 公证
B. 平等自愿
C. 协商一致
D. 公开

6. 有下列哪些情形之一的，用人单位可以解除劳动合同，但是应当提前 30 日以书面形式通知劳动者本人？（　　）

A. 劳动者患病或者非因工负伤，医疗期满后，不能从事原工作也不能从事由用人单位另行安排的工作的
B. 劳动者无故未工作时效长达 7 个工作日的
C. 劳动者不能胜任工作，经过培训或者调整工作岗位，仍不能胜任工作的
D. 劳动合同订立时所依据的客观情况发生重大变化，致使原劳动合同无法履行，经当事人协商不能就变更劳动合同达成协议的

7. 劳动者有下列哪些情形之一的，用人单位不得依据《劳动法》的规定解除劳动合同？（　　）

A. 患职业病或者因工负伤并被确认丧失或者部分丧失劳动能力的
B. 患病或者负伤，在规定的医疗期内的

C. 女职工在孕期、产期、哺乳期内的

D. 法律、行政法规规定的其他情形

8. 用人单位不得安排女职工在经期从事（　　）的劳动。

A. 高处　　B. 低温

C. 冷水作业　　D. 国家规定的第三级体力劳动强度

9. 国家发展社会保险事业，建立社会保险制度，设立社会保险基金，使劳动者在年老、患病、工伤、（　　）等情况下获得帮助和补偿。

A. 失业　　B. 生育

C. 辞职　　D. 离异

（四）填空题

1. 劳动者有权依法____和____工会。
2. 劳动者依照法律规定，通过____、____或者其他形式，参与民主管理或者就保护劳动者合法权益与用人单位进行平等协商。
3. 劳动合同的期限分为____、____和以完成一定的工作为期限。
4. 劳动合同当事人可以在劳动合同中约定保守用人单位____的有关事项。
5. 劳动者解除劳动合同，应当提前____日以书面形式通知用人单位。
6. 对实行计件工作的劳动者，用人单位应当根据《劳动法》第 36 条规定的工时制度合理确定其____和____。
7. 未成年工是指年满____周岁未满____周岁的劳动者。
8. 女职工生育享受不少于____天的产假。
9. 用人单位与劳动者发生劳动争议，当事人可以依法申请____、____、____，也可以协商解决。

（五）简答题

1. 简述劳动合同无效的情形。
2. 简述劳动合同应当具备的条款。
3. 简述用人单位可以解除劳动合同的情形。
4. 简述劳动者可以随时通知用人单位解除劳动合同的情形。
5. 简述用人单位应当依法安排劳动者休假的节假日。

参考答案

（一）判断题

1. ×，解析：根据《劳动法》第九章的内容就是关于"社会保险和福利"的。
2. √，解析：根据《劳动法》第 2 条规定。
3. √，解析：根据《劳动法》第 13 条规定。
4. ×，解析：根据《劳动法》第 16 条第 2 款规定，建立劳动关系应当订立劳动合同。
5. ×，解析：根据《劳动法》第 17 条第 2 款规定，劳动合同依法订立即具有法律约束力，当事人必须履行劳动合同规定的义务。
6. ×，解析：根据《劳动法》第 24 条规定，经劳动合同当事人协商一致，劳动合同可以解除。
7. √，解析：根据《劳动法》第 27 条规定。
8. √，解析：根据《劳动法》第 33 条规定。
9. √，解析：根据《劳动法》第 38 条规定。
10. ×，解析：根据《劳动法》第 54 条规定，用人单位必须为劳动者提供符合国家规定的劳动安全卫生条件和必要的劳动防护用品，对从事有职业危害作业的劳动者应当定期进行健康检查。
11. ×，解析：根据《劳动法》第 59 条规定，禁止安排女职工从事矿山井下、国家规定的第四级体力劳动强度的劳动和其他禁忌从事的劳动。
12. ×，解析：根据《劳动法》第 73 条规定，劳动者在下列情形下，依法享受社会保险待遇：（1）退休；（2）患病、负伤；（3）因工伤残或者患职业病；（4）失业；（5）生育。劳动者死亡后，其遗属依法享受遗属津贴。劳动者享受社会保险待遇的条件和标准由法律、法规。劳动者享受的社会保险金必须按时足额支付。
13. ×，解析：根据《劳动法》第 99 条规定，用人单位招用尚未解除劳动合同的劳动者，对原用人单位造成经济损失的，该用人单位应当依法承担连带赔偿责任。

（二）单项选择题

1. A，解析：根据《劳动法》第 1 条规定，为了保护劳动者的合法权益，调整劳动关系，建立和维护适应社会主义市场经济的劳动制度，促进经济发展和社会进步，根据宪法，制定本法。

2. C，解析：根据《劳动法》第10条规定，国家通过促进经济和社会发展，创造就业条件，扩大就业机会。国家鼓励企业、事业组织、社会团体在法律、行政法规规定的范围内兴办产业或者拓展经营，增加就业。国家支持劳动者自愿组织起来就业和从事个体经营实现就业。
3. D，解析：根据《劳动法》第20条第2款规定，劳动者在同一用人单位连续工作满10年以上，当事人双方同意续延劳动合同的，如果劳动者提出订立无固定期限的劳动合同，应当订立无固定期限的劳动合同。
4. B，解析：根据《劳动法》第21条规定，劳动合同可以约定试用期。试用期最长不得超过6个月。
5. B，解析：根据《劳动法》第36条规定，国家实行劳动者每日工作时间不超过8小时、平均每周工作时间不超过44小时的工时制度。
6. C，解析：根据《劳动法》第83条规定，劳动争议当事人对仲裁裁决不服的，可以自收到仲裁裁决书之日起15日内向人民法院提起诉讼。一方当事人在法定期限内不起诉又不履行仲裁裁决的，另一方当事人可以申请人民法院强制执行。

（三）多项选择题

1. ABCD，解析：根据《劳动法》第3条第1款规定，劳动者享有平等就业和选择职业的权利、取得劳动报酬的权利、休息休假的权利、获得劳动安全卫生保护的权利、接受职业技能培训的权利、享受社会保险和福利的权利、提请劳动争议处理的权利以及法律规定的其他劳动权利。
2. ACD，解析：根据《劳动法》第6条规定，国家提倡劳动者参加社会义务劳动，开展劳动竞赛和合理化建议活动，鼓励和保护劳动者进行科学研究、技术革新和发明创造，表彰和奖励劳动模范和先进工作者。
3. ABCD，解析：根据《劳动法》第12条规定，劳动者就业，不因民族、种族、性别、宗教信仰不同而受歧视。
4. ABCD，解析：根据《劳动法》第15条规定，禁止用人单位招用未满16周岁的未成年人。文艺、体育和特种工艺单位招用未满16周岁的未成年人，必须遵守国家有关规定，并保障其接受义务教育的权利。
5. BC，解析：根据《劳动法》第17条规定，订立和变更劳动合同，应当遵循平等自愿、协商一致的原则，不得违反法律、行政法规的规定。
6. ACD，解析：根据《劳动法》第26条规定，有下列情形之一的，用人单位可以解除劳动合同，但是应当提前30日以书面形式通知劳动者本人：（1）劳动者患病或者非因工负伤，医疗期满后，不能从事原工作也不能从事由用人单位另行安排的工作的；（2）劳动者不能胜任工作，经过培训或者调整工作岗位，仍不能胜任工作的；（3）劳动合同订立时所依据的客观情况发生重大变化，致使原劳动合同无法履行，经当事人协商不能就变更劳动合同达成协议的。

7. ABCD，解析：根据《劳动法》第29条规定，劳动者有下列情形之一的，用人单位不得依据本法第26条、第27条的规定解除劳动合同：（1）患职业病或者因工负伤并被确认丧失或者部分丧失劳动能力的；（2）患病或者负伤，在规定的医疗期内的；（3）女职工在孕期、产期、哺乳期内的；（4）法律、行政法规规定的其他情形。
8. ABCD，解析：根据《劳动法》第60条规定，不得安排女职工在经期从事高处、低温、冷水作业和国家规定的第三级体力劳动强度的劳动。
9. AB，解析：根据《劳动法》第70条规定，国家发展社会保险事业，建立社会保险制度，设立社会保险基金，使劳动者在年老、患病、工伤、失业、生育等情况下获得帮助和补偿。

（四）填空题

1. 参加；组织。（《劳动法》第7条）
2. 职工大会；职工代表大会。（《劳动法》第8条）
3. 有固定期限；无固定期限。（《劳动法》第20条）
4. 商业秘密。（《劳动法》第22条）
5. 30。（《劳动法》第31条）
6. 劳动定额；计件报酬标准。（《劳动法》第37条）
7. 16；18。（《劳动法》第58条）
8. 90。（《劳动法》第62条）
9. 调解；仲裁；提起诉讼。（《劳动法》第77条）

（五）简答题

1. 答：根据《劳动法》第18条规定，下列劳动合同无效：（1）违反法律、行政法规的劳动合同；（2）采取欺诈、威胁等手段订立的劳动合同。无效的劳动合同，从订立的时候起，就没有法律约束力。确认劳动合同部分无效的，如果不影响其余部分的效力，其余部分仍然有效。劳动合同的无效，由劳动争议仲裁委员会或者人民法院确认。
2. 答：根据《劳动法》第19条规定，劳动合同应当以书面形式订立，并具备以下条款：（1）劳动合同期限；（2）工作内容；（3）劳动保护和劳动条件；（4）劳动报酬；（5）劳动纪律；（6）劳动合同终止的条件；（7）违反劳动合同的责任。劳动合同除前款规定的必备条款外，当事人可以协商约定其他内容。

3. 答：根据《劳动法》第25条规定，劳动者有下列情形之一的，用人单位可以解除劳动合同：（1）在试用期间被证明不符合录用条件的；（2）严重违反劳动纪律或者用人单位规章制度的；（3）严重失职，营私舞弊，对用人单位利益造成重大损害的；（4）被依法追究刑事责任的。

4. 答：根据《劳动法》第32条规定，有下列情形之一的，劳动者可以随时通知用人单位解除劳动合同：（1）在试用期内的；（2）用人单位以暴力、威胁或者非法限制人身自由的手段强迫劳动的；（3）用人单位未按照劳动合同约定支付劳动报酬或者提供劳动条件的。

5. 答：根据《劳动法》第40条规定，用人单位在下列节日期间应当依法安排劳动者休假：（1）元旦；（2）春节；（3）国际劳动节；（4）国庆节；（5）法律、法规规定的其他休假节日。

十、劳动合同法

（一）判断题

1. 在规章制度和重大事项决定实施过程中，工会或者职工认为不适当的，有权向用人单位提出，通过协商予以修改完善。(　　)
2. 劳动者在用人单位连续工作满 10 年的，劳动者提出或者同意续订、订立劳动合同的，除劳动者提出订立固定期限劳动合同外，用人单位应当订立无固定期限劳动合同。(　　)
3. 同一用人单位与同一劳动者可以约定两次试用期。(　　)
4. 在试用期中，用人单位不得解除劳动合同。(　　)
5. 用人单位应当严格执行劳动定额标准，不得强迫或者变相强迫劳动者加班。(　　)
6. 用人单位应当在解除或者终止劳动合同时出具解除或者终止劳动合同的证明，并在 15 个工作日内为劳动者办理档案和社会保险关系转移手续。(　　)
7. 非全日制用工，是指以小时计酬为主，劳动者在同一用人单位一般平均每日工作时间不超过 5 小时，每周工作时间累计不超过 30 小时的用工形式。(　　)

（二）单项选择题

1. 直接涉及劳动者切身利益的规章制度和重大事项决定实施过程中，工会或者职工认为不适当的，有权（　　）。

A. 不遵照执行

B. 宣布废止

C. 向用人单位提出，通过协商予以修改完善

D. 请求劳动行政部门给予用人单位处罚

2. 用人单位招用劳动者，（　　）扣押劳动者的居民身份证和其他证件，不得要求劳动者提供担保或者以其他名义向劳动者收取财物。

A. 可以　　B. 不应
C. 应当　　D. 不得

3. 已建立劳动关系，未同时订立书面劳动合同的，应当自用工之日起（　　）内订立书面劳动合同。

A. 15日　　B. 1个月
C. 2个月　　D. 3个月

4. 固定期限劳动合同，是指用人单位与劳动者约定合同（　　）时间的劳动合同。

A. 解除　　B. 续订
C. 终止　　D. 中止

5. 劳动合同期限1年以上不满3年的，试用期不得超过（　　）。

A. 1个月　　B. 2个月
C. 半个月　　D. 1个半月

6. 劳动者在试用期的工资不得低于本单位相同岗位最低档工资或者劳动合同约定工资的（　　），并不得低于用人单位所在地的最低工资标准。

A. 60%　　B. 70%
C. 80%　　D. 90%

7. 劳动者违反竞业限制约定的，应当按照约定向用人单位支付（　　）。

A. 违约金　　B. 赔偿金
C. 补偿金　　D. 损失费

8. 用人单位发生合并或者分立等情况，原劳动合同（　　）。

A. 继续有效　　B. 失去效力
C. 效力视情况而定　　D. 由用人单位决定是否有效

（三）多项选择题

1. 下列哪些是劳动合同应当具备的条款？（　　）

A. 劳动者的姓名、住址和居民身份证或者其他有效身份证件号码

B. 工作时间和休息休假

C. 社会保险

D. 劳动保护、劳动条件和职业危害防护

2. 劳动合同无效的情形有：（　　）

A. 以欺诈、胁迫的手段，使对方在违背真实意思的情况下订立劳动合同的

B. 乘人之危，使对方在违背真实意思的情况下变更劳动合同的

C. 用人单位免除自己的法定责任、排除劳动者权利的

D. 违反法律、行政法规强制性规定的

3. 用人单位出现哪些情形时，劳动者可以解除劳动合同？（　　）

A. 未按照劳动合同约定提供劳动保护或者劳动条件的

B. 未依法为劳动者缴纳社会保险费的

C. 未及时足额支付劳动报酬的

D. 用人单位的规章制度违反法律、法规的规定，损害劳动者权益的

4. 用人单位裁减人员时，应当优先留用（　　）。

A. 与本单位订立较长期限的固定期限劳动合同的

B. 与本单位订立无固定期限劳动合同的

C. 家庭无其他就业人员，有需要扶养的老人的

D. 家庭无其他就业人员，有需要扶养的未成年人的

5. 用人单位（　　），依法给予行政处罚；构成犯罪的，依法追究刑事责任；给劳动者造成损害的，应当承担赔偿责任。

A. 以暴力、威胁或者非法限制人身自由的手段强迫劳动的

B. 违章指挥或者强令冒险作业危及劳动者人身安全的

C. 侮辱、体罚、殴打、非法搜查或者拘禁劳动者的

D. 劳动条件恶劣、环境污染严重，给劳动者身心健康造成严重损害的

（四）填空题

1. 依法订立的劳动合同具有____，用人单位与劳动者应当履行劳动合同约定的义务。

2. 劳动合同由用人单位与劳动者协商一致，并经用人单位与劳动者在劳动合同文本上____或者____生效。

3. 对负有保密义务的劳动者，用人单位可以在劳动合同或者保密协议中与

劳动者约定竞业限制条款，并约定在____劳动合同后，在竞业限制期限内按月给予劳动者____。

4. 劳动者____用人单位管理人员违章指挥、强令冒险作业的，不视为违反劳动合同。
5. 在县级以下区域内，____、采矿业、____等行业可以由工会与企业方面代表订立行业性集体合同，或者订立区域性集体合同。
6. 非全日制用工双方当事人任何一方都可以____对方终止用工。终止用工，用人单位不向劳动者支付____。

（五）简答题

1. 简述应当订立无固定期限劳动合同的情形。
2. 简述劳动者可以解除劳动合同的情形。

参考答案

（一）判断题

1. √，解析：根据《劳动合同法》第 4 条规定。
2. √，解析：根据《劳动合同法》第 14 条规定。
3. ×，解析：根据《劳动合同法》第 19 条第 2 款规定，同一用人单位与同一劳动者只能约定一次试用期。
4. ×，解析：根据《劳动合同法》第 21 条规定，在试用期中，除劳动者有本法第 39 条和第 40 条第 1 项、第 2 项规定的情形外，用人单位不得解除劳动合同。用人单位在试用期解除劳动合同的，应当向劳动者说明理由。
5. √，解析：根据《劳动合同法》第 31 条规定。
6. ×，解析：根据《劳动合同法》第 50 条第 1 款规定，用人单位应当在解除或者终止劳动合同时出具解除或者终止劳动合同的证明，并在 15 日内为劳动者办理档案和社会保险关系转移手续。
7. ×，解析：根据《劳动合同法》第 68 条规定，非全日制用工，是指以小时计酬为主，劳动者在同一用人单位一般平均每日工作时间不超过 4 小时，每周工作时间累计不超过 24 小时的用工形式。

（二）单项选择题

1. C，解析：根据《劳动合同法》第 4 条第 3 款规定，在规章制度和重大事项决定实施过程中，工会或者职工认为不适当的，有权向用人单位提出，通过协商予以修改完善。
2. D，解析：根据《劳动合同法》第 9 条规定，用人单位招用劳动者，不得扣押劳动者的居民身份证和其他证件，不得要求劳动者提供担保或者以其他名义向劳动者收取财物。
3. B，解析：根据《劳动合同法》第 10 条第 2 款规定，已建立劳动关系，未同时订立书面劳动合同的，应当自用工之日起 1 个月内订立书面劳动合同。
4. C，解析：根据《劳动合同法》第 13 条第 1 款规定，固定期限劳动合同，是指用人单位与劳动者约定合同终止时间的劳动合同。
5. B，解析：根据《劳动合同法》第 19 条第 1 款规定，劳动合同期限 3 个月以上不满 1 年的，试用期不得超过 1 个月；劳动合同期限 1 年以上不满 3 年的，试用期不得超过 2 个月；3 年以上固定期限和无固定期限的劳动合同，试用期不得超过 6 个月。
6. C，解析：根据《劳动合同法》第 20 条规定，劳动者在试用期的工资不得低于本单位相同岗位最低档工资或者劳动合同约定工资的 80%，并不得低于用人单位所在地的最低工资标准。
7. A，解析：根据《劳动合同法》第 23 条第 2 款规定，对负有保密义务的劳动者，用人单位可以在劳动合同或者保密协议中与劳动者约定竞业限制条款，并约定在解除或者终止劳动合同后，在竞业限制期限内按月给予劳动者经济补偿。劳动者违反竞业限制约定的，应当按照约定向用人单位支付违约金。
8. A，解析：根据《劳动合同法》第 34 条规定，用人单位发生合并或者分立等情况，原劳动合同继续有效，劳动合同由承继其权利和义务的用人单位继续履行。

（三）多项选择题

1. ABCD，解析：根据《劳动合同法》第 17 条规定，劳动合同应当具备以下条款：（1）用人单位的名称、住所和法定代表人或者主要负责人；（2）劳动者的姓名、住址和居民身份证或者其他有效身份证件号码；（3）劳动合同期限；（4）工作内容和工作地点；（5）工作时间和休息休假；（6）劳动报酬；（7）社会保险；（8）劳动保护、劳动条件和职业危害防护；（9）法律、法规规定应当纳入劳动合同的其他事项。

2. ABCD，解析：根据《劳动合同法》第 26 条第 1 款规定，下列劳动合同无效或者部分无效：（1）以欺诈、胁迫的手段或者乘人之危，使对方在违背真实意思的情况下订立或者变更劳动合同的；（2）用人单位免除自己的法定责任、排除劳动者权利的；（3）违反法律、行政法规强制性规定的。
3. ABCD，解析：根据《劳动合同法》第 38 条第 1 款规定，用人单位有下列情形之一的，劳动者可以解除劳动合同：（1）未按照劳动合同约定提供劳动保护或者劳动条件的；（2）未及时足额支付劳动报酬的；（3）未依法为劳动者缴纳社会保险费的；（4）用人单位的规章制度违反法律、法规的规定，损害劳动者权益的；（5）因本法第 26 条第 1 款规定的情形致使劳动合同无效的；（6）法律、行政法规规定劳动者可以解除劳动合同的其他情形。
4. ABCD，解析：根据《劳动合同法》第 41 条第 2 款规定，裁减人员时，应当优先留用下列人员：（1）与本单位订立较长期限的固定期限劳动合同的；（2）与本单位订立无固定期限劳动合同的；（3）家庭无其他就业人员，有需要扶养的老人或者未成年人的。
5. ABCD，解析：根据《劳动合同法》第 88 条规定，用人单位有下列情形之一的，依法给予行政处罚；构成犯罪的，依法追究刑事责任；给劳动者造成损害的，应当承担赔偿责任：（1）以暴力、威胁或者非法限制人身自由的手段强迫劳动的；（2）违章指挥或者强令冒险作业危及劳动者人身安全的；（3）侮辱、体罚、殴打、非法搜查或者拘禁劳动者的；（4）劳动条件恶劣、环境污染严重，给劳动者身心健康造成严重损害的。

（四）填空题

1. 约束力。（《劳动合同法》第 3 条）
2. 签字；盖章。（《劳动合同法》第 16 条）
3. 解除或者终止；经济补偿。（《劳动合同法》第 23 条）
4. 拒绝。（《劳动合同法》第 32 条）
5. 建筑业；餐饮服务业。（《劳动合同法》第 53 条）
6. 随时通知；经济补偿。（《劳动合同法》第 71 条）

（五）简答题

1. 答：根据《劳动合同法》第 14 条规定，用人单位与劳动者协商一致，可以订立无固定期限劳动合同。有下列情形之一，劳动者提出或者同意续订、订立劳动合同的，除劳动者提出订立固定期限劳动合同外，应当订立无固定期限劳动合同：（1）劳动者在该用人单位连续工作满 10 年的；（2）用人单位初次实行劳动合同制度或者国有企业改制重新订立劳动合同时，劳动者在该用人单位连续工作满 10 年且距法定退休年龄不足 10 年的；（3）连续订立二次固定期限劳动合同，且劳动者没有本法第 39 条和第 40 条第 1 项、第 2 项规定的情形，续订劳动合同的。用人单位自用工之日起满 1 年不与劳动者订立书面劳动合同的，视为用人单位与劳动者已订立无固定期限劳动合同。

2. 答：根据《劳动合同法》第 36 条规定，用人单位与劳动者协商一致，可以解除劳动合同。根据《劳动合同法》第 38 条第 1 款规定，用人单位有下列情形之一的，劳动者可以解除劳动合同：（1）未按照劳动合同约定提供劳动保护或者劳动条件的；（2）未及时足额支付劳动报酬的；（3）未依法为劳动者缴纳社会保险费的；（4）用人单位的规章制度违反法律、法规的规定，损害劳动者权益的；（5）因本法第 26 条第 1 款规定的情形致使劳动合同无效的；（6）法律、行政法规规定劳动者可以解除劳动合同的其他情形。

十一、社会保险法

（一）判断题

1. 个人依法享受社会保险待遇，有权监督本单位为其缴费情况。（　　）
2. 基本养老保险实行社会统筹与个人账户相结合。（　　）
3. 基本养老保险个人账户可以提前支取。（　　）
4. 参加基本养老保险的个人，达到法定退休年龄时累计缴费不足 15 年的，可以缴费至满 15 年，按月领取基本养老金；也可以转入新型农村社会养老保险或者城镇居民社会养老保险，按照国务院规定享受相应的养老保险待遇。（　　）
5. 个人跨统筹地区就业的，其基本养老保险关系随本人转移，缴费年限累计计算。（　　）
6. 个人跨统筹地区就业的，其基本医疗保险关系随本人转移，缴费年限不累计计算。（　　）
7. 失业人员在领取失业保险金期间，参加职工基本医疗保险，享受基本医疗保险待遇。（　　）
8. 生育津贴按照职工所在用人单位上年度职工月平均工资计发。（　　）

（二）单项选择题

1. 职工应当参加基本养老保险，由（　　）缴纳基本养老保险费。

A. 用人单位　　B. 职工

C. 用人单位或职工　　D. 用人单位和职工共同

2. 关于基本养老金，下列说法正确的是：（　　）

A. 基本养老金由统筹养老金组成

B. 基本养老金由个人账户养老金组成

C. 基本养老金由统筹养老金和个人账户养老金组成

D. 基本养老金只需根据个人累计缴费年限、缴费工资确定

3. 参加基本养老保险的个人，达到法定退休年龄时累计缴费满（　　）年的，按月领取基本养老金。

A. 15　　B. 10

C. 20　　D. 25

4. 因工伤发生费用，按照国家规定由用人单位支付的不包括：（　　）

A. 治疗工伤期间的工资福利

B. 劳动能力鉴定费

C. 五级、六级伤残职工按月领取的伤残津贴

D. 终止或者解除劳动合同时，应当享受的一次性伤残就业补助金

5. 失业人员失业前用人单位和本人累计缴费满1年不足5年的，领取失业保险金的期限最长为（　　）个月；累计缴费满5年不足10年的，领取失业保险金的期限最长为（　　）个月；累计缴费10年以上的，领取失业保险金的期限最长为（　　）个月。重新就业后，再次失业的，缴费时间重新计算，领取失业保险金的期限与前次失业应当领取而尚未领取的失业保险金的期限合并计算，最长不超过（　　）个月。

A. 14；16；18；24　　B. 10；12；18；24

C. 12；18；24；24　　D. 6；8；12；18

6. 用人单位应当及时为失业人员出具终止或者解除劳动关系的证明，并将失业人员的名单自终止或者解除劳动关系之日起（　　）日内告知社会保险经办机构。

A. 7　　B. 25

C. 10　　D. 15

7. 用人单位未按规定申报应当缴纳的社会保险费数额的，按照该单位上月缴费额的（　　）确定应当缴纳数额；缴费单位补办申报手续后，由社会保险费征收机构按照规定结算。

A. 115%　　B. 120%

C. 100%　　D. 110%

（三）多项选择题

1. 国家建立（　　）等社会保险制度，保障公民在年老、疾病、工伤、失业、生育等情况下依法从国家和社会获得物质帮助的权利。

   A. 基本养老保险

   B. 基本医疗保险

   C. 工伤保险、失业保险

   D. 生育保险

2. 关于社会保险，下列说法正确的有：（　　）

   A. 国家通过税收优惠政策支持社会保险事业

   B. 国家对社会保险基金实行严格监管

   C. 社会保险经办机构提供社会保险服务，负责社会保险登记、个人权益记录、社会保险待遇支付等工作

   D. 县级以上人民政府将社会保险事业纳入国民经济和社会发展规划

3. 参加基本养老保险的个人，因病或者非因工死亡的，其遗属可以领取（　　）。

   A. 赔偿款　　　　B. 丧葬补助金

   C. 抚恤金　　　　D. 病残津贴

4. 关于基本医疗保险，下列说法正确的有：（　　）

   A. 国家建立和完善新型农村合作医疗制度

   B. 职工应当参加职工基本医疗保险

   C. 国家建立和完善城镇居民基本医疗保险制度

   D. 城镇居民基本医疗保险实行个人缴费和政府补贴相结合

5. （　　）等所需个人缴费部分，由政府给予补贴。

   A. 享受最低生活保障的人

   B. 丧失劳动能力的残疾人

   C. 低收入家庭65周岁以上的老年人

   D. 未成年人

6. 失业人员从失业保险基金中领取失业保险金的条件包括：（　　）

A. 失业前用人单位和本人已经缴纳失业保险费满 2 年的

B. 非因本人意愿中断就业的

C. 已经进行失业登记，并有求职要求的

D. 失业前用人单位和本人已经缴纳失业保险费满 1 年的

7. 关于生育医疗费用和生育津贴，下列说法正确的有：（　　）

A. 生育医疗费用包括生育的医疗费用

B. 生育医疗费用包括计划生育的医疗费用

C. 女职工生育享受产假，可以按照国家规定享受生育津贴

D. 享受计划生育手术休假，可以按照国家规定享受生育津贴

（四）填空题

1. 社会保险制度坚持____、____、____、____的方针，社会保险水平应当与经济社会发展水平相适应。
2. 基本养老保险基金由____和____缴费以及____等组成。
3. 职工应当按照国家规定的____缴纳基本养老保险费，记入____。
4. 国家建立基本养老金____机制。根据职工____、____情况，适时提高基本养老保险待遇水平。
5. 职工应当参加工伤保险，由____缴纳工伤保险费，____不缴纳工伤保险费。
6. 失业人员在领取失业保险金期间死亡的，参照当地对在职职工死亡的规定，向其遗属发给____和____。所需资金从____中支付。
7. 生育保险待遇包括____和____。

（五）简答题

1. 哪些医疗费用不纳入基本医疗保险基金支付范围？
2. 简述不认定为工伤的情形。
3. 因工伤发生的哪些费用，按照国家规定从工伤保险基金中支付？
4. 简述工伤职工停止享受工伤保险待遇的情形。
5. 简述失业人员停止领取失业保险金，并同时停止享受其他失业保险待遇的情形。

参考答案

（一）判断题

1. √，解析：根据《社会保险法》第 4 条规定。
2. √，解析：根据《社会保险法》第 11 条规定。
3. ×，解析：根据《社会保险法》第 14 条规定，个人账户不得提前支取，记账利率不得低于银行定期存款利率，免征利息税。个人死亡的，个人账户余额可以继承。
4. √，解析：根据《社会保险法》第 16 条规定。
5. √，解析：根据《社会保险法》第 19 条规定。
6. ×，解析：根据《社会保险法》第 32 条规定，个人跨统筹地区就业的，其基本医疗保险关系随本人转移，缴费年限累计计算。
7. √，解析：根据《社会保险法》第 48 条规定。
8. √，解析：根据《社会保险法》第 56 条规定。

（二）单项选择题

1. D，解析：根据《社会保险法》第 10 条第 1 款规定，职工应当参加基本养老保险，由用人单位和职工共同缴纳基本养老保险费。
2. C，解析：根据《社会保险法》第 15 条规定，基本养老金由统筹养老金和个人账户养老金组成。基本养老金根据个人累计缴费年限、缴费工资、当地职工平均工资、个人账户金额、城镇人口平均预期寿命等因素确定。
3. A，解析：根据《社会保险法》第 16 条第 1 款规定，参加基本养老保险的个人，达到法定退休年龄时累计缴费满 15 年的，按月领取基本养老金。
4. B，解析：根据《社会保险法》第 39 条规定，因工伤发生的下列费用，按照国家规定由用人单位支付：（1）治疗工伤期间的工资福利；（2）五级、六级伤残职工按月领取的伤残津贴；（3）终止或者解除劳动合同时，应当享受的一次性伤残就业补助金。
5. C，解析：根据《社会保险法》第 46 条规定，失业人员失业前用人单位和本人累计缴费满 1 年不足 5 年的，领取失业保险金的期限最长为 12 个月；累计缴费满 5 年不足 10 年的，领取失业保险金的期限最长为 18 个月；累计缴费 10 年以上的，领取失业保险金的期限最长为 24 个月。重新就业后，再次失业的，缴费时间重新计算，领取失业保险金的期限与前次失业应当领取而尚未领取的失业保险金的期限合并计算，最长不超过 24 个月。

6. D，解析：根据《社会保险法》第 50 条第 1 款规定，用人单位应当及时为失业人员出具终止或者解除劳动关系的证明，并将失业人员的名单自终止或者解除劳动关系之日起 15 日内告知社会保险经办机构。

7. D，解析：根据《社会保险法》第 62 条规定，用人单位未按规定申报应当缴纳的社会保险费数额的，按照该单位上月缴费额的 110%确定应当缴纳数额；缴费单位补办申报手续后，由社会保险费征收机构按照规定结算。

（三）多项选择题

1. ABCD，解析：根据《社会保险法》第 2 条规定，国家建立基本养老保险、基本医疗保险、工伤保险、失业保险、生育保险等社会保险制度，保障公民在年老、疾病、工伤、失业、生育等情况下依法从国家和社会获得物质帮助的权利。

2. ABCD，解析：根据《社会保险法》第 5 条规定，县级以上人民政府将社会保险事业纳入国民经济和社会发展规划。国家多渠道筹集社会保险资金。县级以上人民政府对社会保险事业给予必要的经费支持。国家通过税收优惠政策支持社会保险事业。根据《社会保险法》第 6 条第 1 款规定，国家对社会保险基金实行严格监管。根据《社会保险法》第 8 条规定，社会保险经办机构提供社会保险服务，负责社会保险登记、个人权益记录、社会保险待遇支付等工作。

3. BC，解析：根据《社会保险法》第 17 条规定，参加基本养老保险的个人，因病或者非因工死亡的，其遗属可以领取丧葬补助金和抚恤金；在未达到法定退休年龄时因病或者非因工致残完全丧失劳动能力的，可以领取病残津贴。所需资金从基本养老保险基金中支付。

4. ABCD，解析：根据《社会保险法》第 23 条第 1 款规定，职工应当参加职工基本医疗保险，由用人单位和职工按照国家规定共同缴纳基本医疗保险费。根据《社会保险法》第 24 条规定，国家建立和完善新型农村合作医疗制度。新型农村合作医疗的管理办法，由国务院规定。根据《社会保险法》第 25 条第 1、2 款规定，国家建立和完善城镇居民基本医疗保险制度。城镇居民基本医疗保险实行个人缴费和政府补贴相结合。

5. ABD，解析：根据《社会保险法》第 25 第 3 款规定，享受最低生活保障的人、丧失劳动能力的残疾人、低收入家庭 60 周岁以上的老年人和未成年人等所需个人缴费部分，由政府给予补贴。

6. BCD，解析：根据《社会保险法》第45条规定，失业人员符合下列条件的，从失业保险基金中领取失业保险金：（1）失业前用人单位和本人已经缴纳失业保险费满1年的；（2）非因本人意愿中断就业的；（3）已经进行失业登记，并有求职要求的。
7. ABCD，解析：根据《社会保险法》第55条，生育医疗费用包括下列各项：（1）生育的医疗费用；（2）计划生育的医疗费用；（3）法律、法规规定的其他项目费用。根据《社会保险法》第56条第1款规定，职工有下列情形之一的，可以按照国家规定享受生育津贴：（1）女职工生育享受产假；（2）享受计划生育手术休假；（3）法律、法规规定的其他情形。

（四）填空题

1. 广覆盖；保基本；多层次；可持续。（《社会保险法》第3条）
2. 用人单位；个人；政府补贴。（《社会保险法》第11条）
3. 本人工资的比例；个人账户。（《社会保险法》第12条）
4. 正常调整；平均工资增长；物价上涨。（《社会保险法》第18条）
5. 用人单位；职工。（《社会保险法》第33条）
6. 一次性丧葬补助金；抚恤金；失业保险基金。（《社会保险法》第49条）
7. 生育医疗费用；生育津贴。（《社会保险法》第54条）

（五）简答题

1. 答：根据《社会保险法》第30条规定，下列医疗费用不纳入基本医疗保险基金支付范围：（1）应当从工伤保险基金中支付的；（2）应当由第三人负担的；（3）应当由公共卫生负担的；（4）在境外就医的。医疗费用依法应当由第三人负担，第三人不支付或者无法确定第三人的，由基本医疗保险基金先行支付。基本医疗保险基金先行支付后，有权向第三人追偿。
2. 答：根据《社会保险法》第37条规定，职工因下列情形之一导致本人在工作中伤亡的，不认定为工伤：（1）故意犯罪；（2）醉酒或者吸毒；（3）自残或者自杀；（4）法律、行政法规规定的其他情形。
3. 答：根据《社会保险法》第38条规定，因工伤发生的下列费用，按照国家规定从工伤保险基金中支付：（1）治疗工伤的医疗费用和康复费用；（2）住院伙食补助费；（3）到统筹地区以外就医的交通食宿费；（4）安装配置伤残辅助器具所需费用；（5）生活不能自理的，经劳动能力鉴定委员会确认的生活护理费；（6）一次性伤残补助金和一至四级伤残职工按月领取的伤残津贴；（7）终止或者解除劳动合同时，应当享受的一次性医疗补助金；（8）因工死亡的，其遗属领取的丧葬补助金、供养亲属抚恤金和因工死亡补助金；（9）劳动能力鉴定费。

4. 答：根据《社会保险法》第 43 条规定，工伤职工有下列情形之一的，停止享受工伤保险待遇：（1）丧失享受待遇条件的；（2）拒不接受劳动能力鉴定；（3）拒绝治疗的。

5. 答：根据《社会保险法》第 51 条规定，失业人员在领取失业保险金期间有下列情形之一的，停止领取失业保险金，并同时停止享受其他失业保险待遇：（1）重新就业的；（2）应征服兵役的；（3）移居境外的；（4）享受基本养老保险待遇的；（5）无正当理由，拒不接受当地人民政府指定部门或者机构介绍的适当工作或者提供的培训的。

十二、女职工劳动保护特别规定

(一) 判断题

1. 为了减少和解决女职工在劳动中因生理特点造成的特殊困难，保护女职工健康，制定《女职工劳动保护特别规定》。(　　)
2. 用人单位应当遵守女职工禁忌从事的劳动范围的规定。用人单位应当将本单位属于女职工禁忌从事的劳动范围的岗位口头或者书面告知女职工。(　　)
3. 怀孕女职工在劳动时间内进行产前检查，所需时间不计入劳动时间。(　　)
4. 女职工产假期间的生育津贴，对已经参加生育保险的，按照用人单位上年度职工月平均工资的标准由生育保险基金支付；对未参加生育保险的，按照女职工产假前工资的标准由用人单位支付。(　　)
5. 用人单位应当在每天的劳动时间内为哺乳期女职工安排 2 小时哺乳时间；女职工生育多胞胎的，每多哺乳 1 个婴儿每天增加 1 小时哺乳时间。(　　)
6. 在劳动场所，用人单位应当预防和制止对女职工的性骚扰。(　　)
7. 用人单位违反《女职工劳动保护特别规定》，侵害女职工合法权益的，女职工可以依法投诉、举报、申诉，依法向劳动人事争议调解仲裁机构申请调解仲裁，对仲裁裁决不服的，依法向人民法院提起诉讼。(　　)

(二) 单项选择题

1. 用人单位应当加强女职工劳动保护，采取措施改善女职工劳动安全卫生条件，对女职工进行劳动安全卫生知识(　　)。

A. 培训　　B. 讲解
C. 普及　　D. 集训

2. 对怀孕（　　）个月以上的女职工，用人单位不得延长劳动时间或者安排夜班劳动，并应当在劳动时间内安排一定的休息时间。

A. 5　　　　B. 6

C. 7　　　　D. 8

3. 女职工怀孕满 4 个月流产的，享受（　　）天产假。

A. 35　　　　B. 42

C. 49　　　　D. 56

4. 对哺乳未满（　　）婴儿的女职工，用人单位不得延长劳动时间或者安排夜班劳动。

A. 6 个月　　　　B. 1 周岁

C. 18 个月　　　　D. 2 周岁

5.《女职工劳动保护特别规定》第 6 条第 2 款规定，对怀孕 7 个月以上的女职工，用人单位不得延长劳动时间或者安排夜班劳动，并应当在劳动时间内安排一定的休息时间。用人单位违反该规定的，由县级以上人民政府人力资源社会保障行政部门责令限期改正，按照受侵害女职工每人（　　）的标准计算，处以罚款。

A. 500 元以上 1000 元以下

B. 500 元以上 2000 元以下

C. 1000 元以上 3000 元以下

D. 1000 元以上 5000 元以下

（三）多项选择题

1. 用人单位不得因女职工（　　）降低其工资、予以辞退、与其解除劳动或者聘用合同。

A. 怀孕　　　　B. 生育

C. 哺乳　　　　D. 生病

2. 下列关于女职工的产假的说法正确的是：（　　）

A. 女职工生育享受 98 天产假，其中产前可以休假 15 天

B. 难产的，增加产假 15 天

C. 生育多胞胎的，每多生育 1 个婴儿，增加产假 15 天

D. 女职工怀孕未满 4 个月流产的，享受 15 天产假

3. 女职工比较多的用人单位应当根据女职工的需要，建立（　　）等设施，妥善解决女职工在生理卫生、哺乳方面的困难。

A. 女职工卫生室　　B. 女厕所

C. 孕妇休息室　　D. 哺乳室

（四）填空题

1. 中华人民共和国境内的____、企业、____、社会团体、____以及其他社会组织等用人单位及其女职工，适用《女职工劳动保护特别规定》。
2. 女职工在____不能适应原劳动的，用人单位应当根据医疗机构的证明，予以____劳动量或者安排其他能够适应的劳动。
3. 女职工生育或者流产的医疗费用，按照生育保险规定的项目和标准，对已经参加生育保险的，由____支付；对未参加生育保险的，由____支付。
4. ____人民政府人力资源社会保障行政部门、安全生产监督管理部门按照各自职责负责对用人单位遵守本规定的情况进行监督检查。工会、____依法对用人单位遵守本规定的情况进行监督。
5. 用人单位违反《女职工劳动保护特别规定》，侵害女职工____权益，造成女职工损害的，依法给予____；用人单位及其直接负责的主管人员和其他直接责任人员构成____的，依法追究刑事责任。

（五）简答题

1. 简述女职工禁忌从事的劳动范围。
2. 简述女职工在经期禁忌从事的劳动范围。
3. 简述女职工在孕期禁忌从事的劳动范围。

参考答案

（一）判断题

1. √，解析：根据《女职工劳动保护特别规定》第1条规定。
2. ×，解析：根据《女职工劳动保护特别规定》第4条第1款规定，用人单位应当遵守女职工禁忌从事的劳动范围的规定。用人单位应当将本单位属于女职工禁忌从事的劳动范围的岗位书面告知女职工。

3. ×，解析：根据《女职工劳动保护特别规定》第6条第3款规定，怀孕女职工在劳动时间内进行产前检查，所需时间计入劳动时间。

4. √，解析：根据《女职工劳动保护特别规定》第8条规定。

5. ×，解析：根据《女职工劳动保护特别规定》第9条第2款规定，用人单位应当在每天的劳动时间内为哺乳期女职工安排1小时哺乳时间；女职工生育多胞胎的，每多哺乳1个婴儿每天增加1小时哺乳时间。

6. √，解析：根据《女职工劳动保护特别规定》第11条规定。

7. √，解析：根据《女职工劳动保护特别规定》第14条规定。

（二）单项选择题

1. A，解析：根据《女职工劳动保护特别规定》第3条规定，用人单位应当加强女职工劳动保护，采取措施改善女职工劳动安全卫生条件，对女职工进行劳动安全卫生知识培训。

2. C，解析：根据《女职工劳动保护特别规定》第6条第2款规定，对怀孕7个月以上的女职工，用人单位不得延长劳动时间或者安排夜班劳动，并应当在劳动时间内安排一定的休息时间。

3. B，解析：根据《女职工劳动保护特别规定》第7条第2款规定，女职工怀孕未满4个月流产的，享受15天产假；怀孕满4个月流产的，享受42天产假。

4. B，解析：根据《女职工劳动保护特别规定》第9条第1款规定，对哺乳未满1周岁婴儿的女职工，用人单位不得延长劳动时间或者安排夜班劳动。

5. D，解析：根据《女职工劳动保护特别规定》第13条第1款规定，用人单位违反本规定第6条第2款、第7条、第9条第1款规定的，由县级以上人民政府人力资源社会保障行政部门责令限期改正，按照受侵害女职工每人1000元以上5000元以下的标准计算，处以罚款。

（三）多项选择题

1. ABC，解析：根据《女职工劳动保护特别规定》第5条规定，用人单位不得因女职工怀孕、生育、哺乳降低其工资、予以辞退、与其解除劳动或者聘用合同。

2. ABCD，解析：根据《女职工劳动保护特别规定》第7条规定，女职工生育享受98天产假，其中产前可以休假15天；难产的，增加产假15天；生育多胞胎的，每多生育1个婴儿，增加产假15天。女职工怀孕未满4个月流产的，享受 15 天产假；怀孕满 4 个月流产的，享受 42 天产假。

3. ACD，解析：根据《女职工劳动保护特别规定》第 10 条规定，女职工比较多的用人单位应当根据女职工的需要，建立女职工卫生室、孕妇休息室、哺乳室等设施，妥善解决女职工在生理卫生、哺乳方面的困难。

（四）填空题

1. 国家机关；事业单位；个体经济组织。（《女职工劳动保护特别规定》第 2 条）
2. 孕期；减轻。（《女职工劳动保护特别规定》第 6 条）
3. 生育保险基金；用人单位。（《女职工劳动保护特别规定》第 8 条）
4. 县级以上；妇女组织。（《女职工劳动保护特别规定》第 12 条）
5. 合法；赔偿；犯罪。（《女职工劳动保护特别规定》第 15 条）

（五）简答题

1. 答：根据《女职工劳动保护特别规定》规定，女职工禁忌从事的劳动范围：（1）矿山井下作业；（2）体力劳动强度分级标准中规定的第四级体力劳动强度的作业；（3）每小时负重 6 次以上、每次负重超过 20 公斤的作业，或者间断负重、每次负重超过 25 公斤的作业。
2. 答：根据《女职工劳动保护特别规定》规定，女职工在经期禁忌从事的劳动范围：（1）冷水作业分级标准中规定的第二级、第三级、第四级冷水作业；（2）低温作业分级标准中规定的第二级、第三级、第四级低温作业；（3）体力劳动强度分级标准中规定的第三级、第四级体力劳动强度的作业；（4）高处作业分级标准中规定的第三级、第四级高处作业。
3. 答：根据《女职工劳动保护特别规定》规定，女职工在孕期禁忌从事的劳动范围：（1）作业场所空气中铅及其化合物、汞及其化合物、苯、镉、铍、砷、氰化物、氮氧化物、一氧化碳、二硫化碳、氯、己内酰胺、氯丁二烯、氯乙烯、环氧乙烷、苯胺、甲醛等有毒物质浓度超过国家职业卫生标准的作业；（2）从事抗癌药物、己烯雌酚生产，接触麻醉剂气体等的作业；（3）非密封源放射性物质的操作，核事故与放射事故的应急处置；（4）高处作业分级标准中规定的高处作业；（5）冷水作业分级标准中规定的冷水作业；（6）低温作业分级标准中规定的低温作业；（7）高温作业分级标准中规定的第三级、第四级的作业；（8）噪声作业分级标准中规定的第三级、第四级的作业；（9）体力劳动强度分级标准中规定的第三级、第四级体力劳动强度的作业；（10）在密闭空间、高压室作业或者潜水作业，伴有强烈振动的作业，或者需要频繁弯腰、攀高、下蹲的作业。

十三、劳动争议调解仲裁法

（一）判断题

1. 发生劳动争议，劳动者可以与用人单位协商，也可以请工会或者第三方共同与用人单位协商，达成和解协议。（　）
2. 发生劳动争议，向劳动争议仲裁委员会申请仲裁，即使对仲裁裁决不服的，也不能向人民法院提起诉讼。（　）
3. 发生劳动争议，当事人对自己提出的主张，应由用人单位反证，即举证责任倒置。（　）
4. 调解协议书由双方当事人签名或者盖章，经调解员签名并加盖调解组织印章后生效，对双方当事人具有约束力，当事人应当履行。（　）
5. 达成调解协议后，一方当事人在协议约定期限内不履行调解协议的，另一方当事人不能依法申请仲裁。（　）
6. 直辖市、设区的市只能设立一个劳动争议仲裁委员会。劳动争议仲裁委员会也按行政区划层层设立。（　）

（二）单项选择题

1. 用人单位违反国家规定，拖欠或者未足额支付劳动报酬，或者拖欠工伤医疗费、经济补偿或者赔偿金的，劳动者可以向（　）投诉。

A. 劳动仲裁委员会　　B. 劳动行政部门
C. 劳动争议调解委员会　　D. 监察机关

2. 因支付拖欠劳动报酬、工伤医疗费、经济补偿或者赔偿金事项达成调解协议，用人单位在协议约定期限内不履行的，劳动者可以持调解协议书依法向人民法院申请（　）。

A. 支付令　　B. 强制执行令
C. 催促令　　D. 请求令

3. 与劳动争议案件的处理结果（　），可以申请参加仲裁活动或者由劳动争议仲裁委员会通知其参加仲裁活动。

A. 有利益关系的第三人　　B. 有损害关系的第三人
C. 无利害关系的第三人　　D. 有利害关系的第三人

4. 丧失或者部分丧失民事行为能力的劳动者，由其法定代理人代为参加仲裁活动；无法定代理人的，由（　　）为其指定代理人。劳动者死亡的，由其近亲属或者代理人参加仲裁活动。

A. 人民法院　　B. 劳动争议政府部门
C. 劳动争议仲裁委员会　　D. 单位

5. 劳动关系存续期间因拖欠劳动报酬发生争议的，劳动者申请仲裁不受本条第一款规定的仲裁时效期间的限制；但是，劳动关系终止的，应当自劳动关系终止之日起（　　）年内提出。

A. 1　　B. 2
C. 3　　D. 4

6. 被申请人收到仲裁申请书副本后，应当在（　　）日内向劳动争议仲裁委员会提交答辩书。劳动争议仲裁委员会收到答辩书后，应当在（　　）日内将答辩书副本送达申请人。被申请人未提交答辩书的，不影响仲裁程序的进行。

A. 5；3　　B. 5；5
C. 10；3　　D. 10；5

7. 申请人收到书面通知，无正当理由拒不到庭或者（　　）中途退庭的，可以视为撤回仲裁申请。

A. 未经仲裁委员会同意　　B. 未经仲裁庭同意
C. 未经对方当事人同意　　D. 未经申请程序

（三）多项选择题

1. 发生劳动争议，当事人可以到哪些调解组织申请调解？（　　）

A. 企业劳动争议调解委员会
B. 依法设立的基层人民调解组织
C. 人民法院调解组织
D. 在乡镇、街道设立的具有劳动争议调解职能的组织

2. 劳动争议调解组织的调解员应当由公道正派、联系群众、热心调解工作，并具有一定（　　）的成年公民担任。

A. 经济水平　　B. 法律知识

C. 政策水平　　D. 文化水平

3. 劳动争议仲裁委员会依法履行哪些职责？（　　）

A. 聘任、解聘专职或者兼职仲裁员

B. 受理劳动争议案件

C. 讨论重大或者疑难的劳动争议案件

D. 对仲裁活动进行监督

4. 仲裁员应当公道正派并符合哪些条件？（　　）

A. 曾任审判员的

B. 从事法律研究、教学工作并具有中级以上职称的

C. 具有法律知识、从事人力资源管理或者工会等专业工作满 5 年的

D. 律师执业满 3 年的

5. 仲裁员有哪些情形的，应当回避？（　　）

A. 是本案当事人或者当事人、代理人的近亲属的

B. 与本案有利害关系的

C. 本案当事人、代理人有其他关系，可能影响公正裁决的

D. 私自会见当事人、代理人，或者接受当事人、代理人的请客送礼的

6. 仲裁庭裁决先予执行的，应当符合哪些条件？（　　）

A. 当事人之间权利义务关系明确

B. 不先予执行将严重影响申请人的生活

C. 当事人之间有担保关系

D. 当事人之间为血亲关系

7. 仲裁庭对追索哪些款项的案件，根据当事人的申请，可以裁决先予执行，移送人民法院执行？（　　）

A. 劳动报酬　　B. 工伤医疗费

C. 生活保障金　　D. 经济补偿或者赔偿金

（四）填空题

1. 为了公正及时解决____，保护当事人合法权益，促进劳动关系和谐稳定，制定《劳动争议调解仲裁法》。
2. 发生劳动争议的____和____为劳动争议仲裁案件的双方当事人。
3. 劳动争议仲裁公开进行，但当事人协议不公开进行或者涉及国家秘密、商业秘密和____的除外。
4. 劳动争议申请仲裁的时效期间为____年。仲裁时效期间从当事人知道或者应当知道其权利被侵害之日起计算。
5. 因不可抗力或者有其他正当理由，当事人不能在《劳动争议调解仲裁法》第 27 条第 1 款规定的仲裁时效期间申请仲裁的，仲裁时效中止。从____消除之日起，仲裁时效期间继续计算。

（五）简答题

1. 简述可以适用《劳动争议调解仲裁法》解决的劳动争议的范围。
2. 简述仲裁申请书应当载明的事项。

参考答案

（一）判断题

1. √，解析：根据《劳动争议调解仲裁法》第 4 条规定。
2. ×，解析：根据《劳动争议调解仲裁法》第 5 条规定，发生劳动争议，当事人不愿协商、协商不成或者达成和解协议后不履行的，可以向调解组织申请调解；不愿调解、调解不成或者达成调解协议后不履行的，可以向劳动争议仲裁委员会申请仲裁；对仲裁裁决不服的，除本法另有规定的外，可以向人民法院提起诉讼。
3. ×，解析：根据《劳动争议调解仲裁法》第 6 条规定，发生劳动争议，当事人对自己提出的主张，有责任提供证据。与争议事项有关的证据属于用人单位掌握管理的，用人单位应当提供；用人单位不提供的，应当承担不利后果。
4. √，解析：根据《劳动争议调解仲裁法》第 14 条规定。
5. ×，解析：根据《劳动争议调解仲裁法》第 15 条规定，达成调解协议后，一方当事人在协议约定期限内不履行调解协议的，另一方当事人可以依法申请仲裁。

6. ×，解析：根据《劳动争议调解仲裁法》第 17 条规定，劳动争议仲裁委员会按照统筹规划、合理布局和适应实际需要的原则设立。省、自治区人民政府可以决定在市、县设立；直辖市人民政府可以决定在区、县设立。直辖市、设区的市也可以设立一个或者若干个劳动争议仲裁委员会。劳动争议仲裁委员会不按行政区划层层设立。

（二）单项选择题

1. B，解析：根据《劳动争议调解仲裁法》第 9 条规定，用人单位违反国家规定，拖欠或者未足额支付劳动报酬，或者拖欠工伤医疗费、经济补偿或者赔偿金的，劳动者可以向劳动行政部门投诉，劳动行政部门应当依法处理。
2. A，解析：根据《劳动争议调解仲裁法》第 16 条规定，因支付拖欠劳动报酬、工伤医疗费、经济补偿或者赔偿金事项达成调解协议，用人单位在协议约定期限内不履行的，劳动者可以持调解协议书依法向人民法院申请支付令。人民法院应当依法发出支付令。
3. D，解析：根据《劳动争议调解仲裁法》第 23 条规定，与劳动争议案件的处理结果有利害关系的第三人，可以申请参加仲裁活动或者由劳动争议仲裁委员会通知其参加仲裁活动。
4. C，解析：根据《劳动争议调解仲裁法》第 25 条规定，丧失或者部分丧失民事行为能力的劳动者，由其法定代理人代为参加仲裁活动；无法定代理人的，由劳动争议仲裁委员会为其指定代理人。劳动者死亡的，由其近亲属或者代理人参加仲裁活动。
5. A，解析：根据《劳动争议调解仲裁法》第 27 条第 4 款规定，劳动关系存续期间因拖欠劳动报酬发生争议的，劳动者申请仲裁不受本条第 1 款规定的仲裁时效期间的限制；但是，劳动关系终止的，应当自劳动关系终止之日起 1 年内提出。
6. D，解析：根据《劳动争议调解仲裁法》第 30 条第 2 款规定，被申请人收到仲裁申请书副本后，应当在 10 日内向劳动争议仲裁委员会提交答辩书。劳动争议仲裁委员会收到答辩书后，应当在 5 日内将答辩书副本送达申请人。被申请人未提交答辩书的，不影响仲裁程序的进行。
7. B，解析：根据《劳动争议调解仲裁法》第 36 条第 1 款规定，申请人收到书面通知，无正当理由拒不到庭或者未经仲裁庭同意中途退庭的，可以视为撤回仲裁申请。

（三）多项选择题

1. ABD，解析：根据《劳动争议调解仲裁法》第10条规定，发生劳动争议，当事人可以到下列调解组织申请调解：（1）企业劳动争议调解委员会；（2）依法设立的基层人民调解组织；（3）在乡镇、街道设立的具有劳动争议调解职能的组织。企业劳动争议调解委员会由职工代表和企业代表组成。职工代表由工会成员担任或者由全体职工推举产生，企业代表由企业负责人指定。企业劳动争议调解委员会主任由工会成员或者双方推举的人员担任。
2. BCD，解析：根据《劳动争议调解仲裁法》第11条规定，劳动争议调解组织的调解员应当由公道正派、联系群众、热心调解工作，并具有一定法律知识、政策水平和文化水平的成年公民担任。
3. ABCD，解析：根据《劳动争议调解仲裁法》第19条规定，劳动争议仲裁委员会由劳动行政部门代表、工会代表和企业方面代表组成。劳动争议仲裁委员会组成人员应当是单数。劳动争议仲裁委员会依法履行下列职责：（1）聘任、解聘专职或者兼职仲裁员；（2）受理劳动争议案件；（3）讨论重大或者疑难的劳动争议案件；（4）对仲裁活动进行监督。劳动争议仲裁委员会下设办事机构，负责办理劳动争议仲裁委员会的日常工作。
4. ABCD，解析：根据《劳动争议调解仲裁法》第20条规定，劳动争议仲裁委员会应当设仲裁员名册。仲裁员应当公道正派并符合下列条件之一：（1）曾任审判员的；（2）从事法律研究、教学工作并具有中级以上职称的；（3）具有法律知识、从事人力资源管理或者工会等专业工作满5年的；（4）律师执业满3年的。
5. ABCD，解析：根据《劳动争议调解仲裁法》第33条规定，仲裁员有下列情形之一，应当回避，当事人也有权以口头或者书面方式提出回避申请：（1）是本案当事人或者当事人、代理人的近亲属的；（2）与本案有利害关系的；（3）与本案当事人、代理人有其他关系，可能影响公正裁决的；（4）私自会见当事人、代理人，或者接受当事人、代理人的请客送礼的。劳动争议仲裁委员会对回避申请应当及时作出决定，并以口头或者书面方式通知当事人。
6. AB，解析：根据《劳动争议调解仲裁法》第44条第2款规定，仲裁庭裁决先予执行的，应当符合下列条件：（1）当事人之间权利义务关系明确；（2）不先予执行将严重影响申请人的生活。
7. ABD，解析：根据《劳动争议调解仲裁法》第44条第1款规定，仲裁庭对追索劳动报酬、工伤医疗费、经济补偿或者赔偿金的案件，根据当事人的申请，可以裁决先予执行，移送人民法院执行。

（四）填空题

1. 劳动争议。（《劳动争议调解仲裁法》第 1 条）
2. 劳动者；用人单位。（《劳动争议调解仲裁法》第 22 条）
3. 个人隐私。（《劳动争议调解仲裁法》第 26 条）
4. 1。（《劳动争议调解仲裁法》第 27 条）
5. 中止时效的原因。（《劳动争议调解仲裁法》第 27 条）

（五）简答题

1. 答：根据《劳动争议调解仲裁法》第 2 条规定，中华人民共和国境内的用人单位与劳动者发生的下列劳动争议，适用本法：（1）因确认劳动关系发生的争议；（2）因订立、履行、变更、解除和终止劳动合同发生的争议；（3）因除名、辞退和辞职、离职发生的争议；（4）因工作时间、休息休假、社会保险、福利、培训以及劳动保护发生的争议；（5）因劳动报酬、工伤医疗费、经济补偿或者赔偿金等发生的争议；（6）法律、法规规定的其他劳动争议。
2. 答：根据《劳动争议调解仲裁法》第 28 条第 2、3 款规定，仲裁申请书应当载明下列事项：（1）劳动者的姓名、性别、年龄、职业、工作单位和住所，用人单位的名称、住所和法定代表人或者主要负责人的姓名、职务；（2）仲裁请求和所根据的事实、理由；（3）证据和证据来源、证人姓名和住所。书写仲裁申请确有困难的，可以口头申请，由劳动争议仲裁委员会记入笔录，并告知对方当事人。

十四、农村土地承包法

（一）判断题

1. 任何组织和个人不得剥夺和非法限制农村集体经济组织成员承包土地的权利。（ ）
2. 农村土地承包，妇女与男子享有平等的权利。承包中应当保护妇女的合法权益，任何组织和个人不得剥夺、侵害妇女应当享有的土地承包经营权。（ ）
3. 耕地的承包期为 40 年。草地的承包期为 30 年至 50 年。林地的承包期为 30 年至 70 年。（ ）
4. 承包合同自成立之日起生效。承包方自承包合同生效时取得土地承包经营权。（ ）
5. 承包方之间为方便耕种或者各自需要，可以对属于同一集体经济组织的土地的土地承包经营权进行互换，并向发包方备案。（ ）
6. 农村土地承包采取农村集体经济组织内部的家庭承包方式，不宜采取家庭承包方式的荒山、荒沟、荒丘、荒滩等农村土地，可以采取招标、拍卖、公开协商等方式承包。（ ）
7. 土地承包经营权证或者林权证等证书应当将具有土地承包经营权的全部家庭成员列入。（ ）
8. 承包方流转土地经营权的，其与发包方的承包关系改变。（ ）
9. 实现担保物权时，担保物权人有权就土地经营权优先受偿。（ ）

（二）单项选择题

1. 关于《农村土地承包法》，下列说法错误的是：（ ）
   A. 农民集体所有的土地依法属于村农民集体所有的，由村集体经济组织或者村民委员会发包
   B. 承包地可以买卖

C. 国家鼓励增加对土地的投入，培肥地力，提高农业生产能力

D. 国家所有依法由农民集体使用的农村土地，由使用该土地的农村集体经济组织、村民委员会或者村民小组发包

2. 经发包方同意，承包方可以将（　　）的土地承包经营权转让给本集体经济组织的其他农户，由该农户同发包方确立新的承包关系，原承包方与发包方在该土地上的承包关系即行终止。

A. 全部　　B. 70%

C. 部分　　D. 全部或者部分

3. 关于土地承包经营权的保护和互换、转让，下列说法中错误的是：（　　）

A. 承包期内，发包方不得收回承包地

B. 承包期内，发包方可以调整承包地

C. 国家保护进城农户的土地承包经营权。不得以退出土地承包经营权作为农户进城落户的条件

D. 承包期内，因自然灾害严重毁损承包地等特殊情形对个别农户之间承包的耕地和草地需要适当调整的，必须经本集体经济组织成员的村民会议 2/3 以上成员或者 2/3 以上村民代表的同意，并报乡（镇）人民政府和县级人民政府农业农村、林业和草原等主管部门批准

（三）多项选择题

1. 农村土地承包采取农村集体经济组织内部的家庭承包方式，不宜采取家庭承包方式的荒山、荒沟、荒丘、荒滩等农村土地，可以采取（　　）等方式承包。

A. 招标　　B. 申请

C. 拍卖　　D. 公开协商

2. 国家保护承包方（　　）流转土地经营权，保护土地经营权人的合法权益，任何组织和个人不得侵犯。

A. 非法　　B. 依法

C. 自愿　　D. 有偿

3. 关于《农村土地承包法》，下列说法正确的是：（　　）
   A. 国家对耕地、林地和草地等实行统一登记，登记机构应当向承包方颁发土地承包经营权证或者林权证等证书，并登记造册，确认土地承包经营权
   B. 土地承包经营权证或者林权证等证书应当将具有土地承包经营权的全部家庭成员列入
   C. 登记机构除按规定收取证书工本费外，不得收取其他费用
   D. 国家机关及其工作人员不得利用职权干涉农村土地承包或者变更、解除承包合同
4. 关于《农村土地承包法》，下列说法错误的是：（　　）
   A. 承包期内，妇女结婚，在新居住地未取得承包地的，发包方不得收回其原承包地
   B. 妇女离婚或者丧偶，仍在原居住地生活或者不在原居住地生活但在新居住地未取得承包地的，发包方可以收回其原承包地
   C. 承包人应得的承包收益，依照继承法的规定继承
   D. 林地承包的承包人死亡，其继承人不得在承包期内继续承包
5. （　　）等可以直接通过招标、拍卖、公开协商等方式实行承包经营，也可以将土地经营权折股分给本集体经济组织成员后，再实行承包经营或者股份合作经营。
   A. 荒山　　　　B. 荒沟
   C. 荒丘　　　　D. 荒滩

（四）填空题

1. 承包方承包土地后，享有____，可以自己经营，也可以保留土地承包权，流转其承包地的____，由他人经营。
2. 农村土地承包经营应当遵守法律、法规，保护土地资源的____和____。未经依法批准不得将承包地用于非农建设。
3. 承包期内，承包方可以____将承包地交回发包方。承包方自愿交回承包地的，可以获得____，但是应当提前半年以____通知发包方。承包方在承包期内交回承包地的，在承包期内不得再要求承包土地。

4. 土地承包经营权互换、转让的，当事人可以向登记机构____。未经登记，不得对抗____。
5. 经____同意，受让方可以依法投资改良土壤，建设农业生产附属、配套设施，并按照合同约定对其投资部分获得____。
6. 经承包方____同意，并向本集体经济组织备案，受让方可以再____。
7. 承包荒山、荒沟、荒丘、荒滩的，应当遵守有关法律、行政法规的规定，防止____，保护____。
8. 发包方将农村土地发包给本集体经济组织以外的单位或者个人承包，应当事先经本集体经济组织成员的村民会议 2/3 以上____或者 2/3 以上____的同意，并报乡（镇）人民政府批准。
9. 通过招标、拍卖、公开协商等方式承包农村土地，经依法登记取得权属证书的，可以依法采取____、____、____或者其他方式流转土地经营权。

（五）简答题

1. 简述发包方享有的权利和承担的义务。
2. 简述承包方享有的权利和承担的义务。
3. 简述土地经营权流转应当遵循的原则。

参考答案

（一）判断题

1. √，解析：根据《农村土地承包法》第 5 条规定。
2. √，解析：根据《农村土地承包法》第 6 条规定。
3. ×，解析：根据《农村土地承包法》第 21 条规定，耕地的承包期为 30 年。草地的承包期为 30 年至 50 年。林地的承包期为 30 年至 70 年。前款规定的耕地承包期届满后再延长 30 年，草地、林地承包期届满后依照前款规定相应延长。
4. √，解析：根据《农村土地承包法》第 23 条规定。
5. √，解析：根据《农村土地承包法》第 33 条规定。
6. √，解析：根据《农村土地承包法》第 3 条规定。
7. √，解析：根据《农村土地承包法》第 24 条规定。
8. ×，解析：根据《农村土地承包法》第 44 条规定，承包方流转土地经营权的，其与发包方的承包关系不变。

9. √，解析：根据《农村土地承包法》第 47 条第 3 款规定。

（二）单项选择题

1. B，解析：根据《农村土地承包法》第 4 条规定，农村土地承包后，土地的所有权性质不变。承包地不得买卖。
2. D，解析：根据《农村土地承包法》第 34 条规定，经发包方同意，承包方可以将全部或者部分的土地承包经营权转让给本集体经济组织的其他农户，由该农户同发包方确立新的承包关系，原承包方与发包方在该土地上的承包关系即行终止。
3. B，解析：根据《农村土地承包法》第 28 条第 1 款规定，承包期内，发包方不得调整承包地。

（三）多项选择题

1. ACD，解析：根据《农村土地承包法》第 3 条第 2 款规定，农村土地承包采取农村集体经济组织内部的家庭承包方式，不宜采取家庭承包方式的荒山、荒沟、荒丘、荒滩等农村土地，可以采取招标、拍卖、公开协商等方式承包。
2. BCD，解析：根据《农村土地承包法》第 10 条规定，国家保护承包方依法、自愿、有偿流转土地经营权，保护土地经营权人的合法权益，任何组织和个人不得侵犯。
3. ABCD，解析：根据《农村土地承包法》第 24 条规定，国家对耕地、林地和草地等实行统一登记，登记机构应当向承包方颁发土地承包经营权证或者林权证等证书，并登记造册，确认土地承包经营权。土地承包经营权证或者林权证等证书应当将具有土地承包经营权的全部家庭成员列入。登记机构除按规定收取证书工本费外，不得收取其他费用。根据《农村土地承包法》第 26 条规定，国家机关及其工作人员不得利用职权干涉农村土地承包或者变更、解除承包合同。
4. BD，解析：根据《农村土地承包法》第 31 条规定，妇女离婚或者丧偶，仍在原居住地生活或者不在原居住地生活但在新居住地未取得承包地的，发包方不得收回其原承包地。故 B 项错误。根据《农村土地承包法》第 32 条第 2 款规定，林地承包的承包人死亡，其继承人可以在承包期内继续承包。故 D 项错误。
5. ABCD，解析：根据《农村土地承包法》第 50 条第 1 款规定，荒山、荒沟、荒丘、荒滩等可以直接通过招标、拍卖、公开协商等方式实行承包经营，也可以将土地经营权折股分给本集体经济组织成员后，再实行承包经营或者股份合作经营。

（四）填空题

1. 土地承包经营权；土地经营权。（《农村土地承包法》第 9 条）
2. 合理开发；可持续利用。（《农村土地承包法》第 11 条）
3. 自愿；合理补偿；书面形式。（《农村土地承包法》第 30 条）
4. 申请登记；善意第三人。（《农村土地承包法》第 35 条）
5. 承包方；合理补偿。（《农村土地承包法》第 43 条）
6. 书面；流转土地经营权。（《农村土地承包法》第 46 条）
7. 水土流失；生态环境。（《农村土地承包法》第 50 条）
8. 成员；村民代表。（《农村土地承包法》第 52 条）
9. 出租；入股；抵押。（《农村土地承包法》第 53 条）

（五）简答题

1. 答：根据《农村土地承包法》第 14 条规定，发包方享有下列权利：（1）发包本集体所有的或者国家所有依法由本集体使用的农村土地；（2）监督承包方依照承包合同约定的用途合理利用和保护土地；（3）制止承包方损害承包地和农业资源的行为；（4）法律、行政法规规定的其他权利。根据《农村土地承包法》第 15 条规定，发包方承担下列义务：（1）维护承包方的土地承包经营权，不得非法变更、解除承包合同；（2）尊重承包方的生产经营自主权，不得干涉承包方依法进行正常的生产经营活动；（3）依照承包合同约定为承包方提供生产、技术、信息等服务；（4）执行县、乡（镇）土地利用总体规划，组织本集体经济组织内的农业基础设施建设；（5）法律、行政法规规定的其他义务。
2. 答：根据《农村土地承包法》第 17 条规定，承包方享有下列权利：（1）依法享有承包地使用、收益的权利，有权自主组织生产经营和处置产品；（2）依法互换、转让土地承包经营权；（3）依法流转土地经营权；（4）承包地被依法征收、征用、占用的，有权依法获得相应的补偿；（5）法律、行政法规规定的其他权利。根据《农村土地承包法》第 18 条规定，承包方承担下列义务：（1）维持土地的农业用途，未经依法批准不得用于非农建设；（2）依法保护和合理利用土地，不得给土地造成永久性损害；（3）法律、行政法规规定的其他义务。
3. 答：根据《农村土地承包法》第 38 条规定，土地经营权流转应当遵循以下原则：（1）依法、自愿、有偿，任何组织和个人不得强迫或者阻碍土地经营权流转；（2）不得改变土地所有权的性质和土地的农业用途，不得破坏农业综合生产能力和农业生态环境；（3）流转期限不得超过承包期的剩余期限；（4）受让方须有农业经营能力或者资质；（5）在同等条件下，本集体经济组织成员享有优先权。

十五、农村土地承包经营纠纷调解仲裁法

（一）判断题

1. 发生农村土地承包经营纠纷的，当事人可以自行和解，也可以请求村民委员会、乡（镇）人民政府等调解。（　　）
2. 当事人和解、调解不成或者不愿和解、调解的，可以向农村土地承包仲裁委员会申请仲裁，也可以直接请求人民检察院提起诉讼。（　　）
3. 农村土地承包经营纠纷调解和仲裁，应当公开、公平、公正，便民高效，根据事实，符合法律，尊重社会公德。（　　）
4. 各级人民政府应当加强对农村土地承包经营纠纷调解和仲裁工作的指导。（　　）
5. 农村土地承包仲裁委员会，根据解决农村土地承包经营纠纷的实际需要设立。农村土地承包仲裁委员会可以在县和不设区的市设立，也可以在设区的市或者其市辖区设立。（　　）
6. 农村土地承包仲裁委员会由当地人民政府及其有关部门代表、有关人民团体代表、农村集体经济组织代表、农民代表和法律、经济等相关专业人员兼任组成，其中农民代表和法律、经济等相关专业人员不得少于组成人员的2/3。（　　）
7. 省、自治区、直辖市人民政府农村土地承包管理部门应当制定仲裁员培训计划，加强对仲裁员培训工作的组织和指导。（　　）
8. 农村土地承包经营纠纷仲裁的申请人、被申请人为当事人。家庭承包的，可以由农户代表人参加仲裁。当事人一方人数众多的，可以推选代表人参加仲裁。（　　）
9. 当事人申请仲裁，应当向纠纷涉及的土地所在地的农村土地承包仲裁委员会递交仲裁申请书。仲裁申请书可以邮寄或者委托他人代交。（　　）
10. 农村土地承包仲裁委员会决定受理的，应当自收到仲裁申请之日起15个工作日内，将受理通知书、仲裁规则和仲裁员名册送达申请人；决定不

予受理或者终止仲裁程序的，应当自收到仲裁申请或者发现终止仲裁程序情形之日起 15 个工作日内书面通知申请人，并说明理由。(　　)

(二) 单项选择题

1. 农村土地承包仲裁委员会在当地（　　）指导下设立。设立农村土地承包仲裁委员会的，其日常工作由当地农村土地承包管理部门承担。

A. 人民政府　　B. 人民检察院

C. 人民法院　　D. 公安局

2. （　　）对农村土地承包经营纠纷应当进行调解。调解达成协议的，仲裁庭应当制作调解书；调解不成的，应当及时作出裁决。

A. 人民调解委员会　　B. 人民法院

C. 仲裁庭　　D. 村民委员会

3. 农村土地承包经营纠纷申请仲裁的时效期间为（　　），自当事人知道或者应当知道其权利被侵害之日起计算。

A. 1 年　　B. 2 年

C. 3 年　　D. 4 年

4. 农村土地承包仲裁委员会应当自受理仲裁申请之日起（　　）工作日内，将受理通知书、仲裁申请书副本、仲裁规则和仲裁员名册送达被申请人。

A. 3 个　　B. 7 个

C. 6 个　　D. 5 个

(三) 多项选择题

1. 当事人在开庭过程中有权（　　）。对不通晓当地通用语言文字的当事人，农村土地承包仲裁委员会应当为其提供翻译。

A. 发表意见　　B. 陈述事实和理由

C. 提供证据　　D. 进行质证和辩论

2. 对权利义务关系明确的纠纷，经当事人申请，仲裁庭可以先行裁定（　　）等行为。

A. 维持现状　　B. 恢复农业生产

C. 停止取土、占地　　D. 赔偿损失

（四）填空题

1. 农村土地承包仲裁委员会设主任 1 人、副主任 1 至 2 人和委员若干人。主任、副主任由全体组成人员____产生。
2. 农村土地承包仲裁委员会应当对仲裁员进行____以及____的培训。
3. 农村土地承包仲裁委员会组成人员、仲裁员应当依法履行职责，遵守农村土地承包仲裁委员会章程和仲裁规则，不得____、____，不得侵害当事人的合法权益。
4. 证据应当在开庭时出示，但涉及____、____和____的证据不得在公开开庭时出示。
5. 当事人和其他仲裁参与人认为对自己陈述的记录____，有权____。如果不予补正，应当记录该申请。
6. 裁决应当按照____的意见作出，少数仲裁员的不同意见可以记入笔录。仲裁庭不能形成多数意见时，裁决应当按照____的意见作出。
7. 当事人不服仲裁裁决的，可以自收到裁决书之日起____向人民法院起诉。逾期不起诉的，裁决书即____。
8. 农村土地承包经营纠纷仲裁不得向当事人____，仲裁工作经费纳入____予以保障。

（五）简答题

1. 简述农村土地承包经营纠纷的范围。
2. 简述农村土地承包仲裁委员会依法履行的职责。
3. 简述《农村土地承包经营纠纷调解仲裁法》中需要仲裁员回避的情形。

参考答案

（一）判断题

1. √，解析：根据《农村土地承包经营纠纷调解仲裁法》第 3 条规定。
2. ×，解析：根据《农村土地承包经营纠纷调解仲裁法》第 4 条规定，当事人和解、调解不成或者不愿和解、调解的，可以向农村土地承包仲裁委员会申请仲裁，也可以直接向人民法院起诉。

3. √，解析：根据《农村土地承包经营纠纷调解仲裁法》第5条规定。

4. ×，解析：根据《农村土地承包经营纠纷调解仲裁法》第6条第1款规定，县级以上人民政府应当加强对农村土地承包经营纠纷调解和仲裁工作的指导。

5. √，解析：根据《农村土地承包经营纠纷调解仲裁法》第12条规定。

6. ×，解析：根据《农村土地承包经营纠纷调解仲裁法》第13条第1款规定，农村土地承包仲裁委员会由当地人民政府及其有关部门代表、有关人民团体代表、农村集体经济组织代表、农民代表和法律、经济等相关专业人员兼任组成，其中农民代表和法律、经济等相关专业人员不得少于组成人员的1/2。

7. √，解析：根据《农村土地承包经营纠纷调解仲裁法》第16条规定。

8. √，解析：根据《农村土地承包经营纠纷调解仲裁法》第19条规定。

9. √，解析：根据《农村土地承包经营纠纷调解仲裁法》第21条规定。

10. ×，解析：根据《农村土地承包经营纠纷调解仲裁法》第23条规定，农村土地承包仲裁委员会决定受理的，应当自收到仲裁申请之日起5个工作日内，将受理通知书、仲裁规则和仲裁员名册送达申请人；决定不予受理或者终止仲裁程序的，应当自收到仲裁申请或者发现终止仲裁程序情形之日起5个工作日内书面通知申请人，并说明理由。

（二）单项选择题

1. A，解析：根据《农村土地承包经营纠纷调解仲裁法》第12条第2款规定，农村土地承包仲裁委员会在当地人民政府指导下设立。设立农村土地承包仲裁委员会的，其日常工作由当地农村土地承包管理部门承担。

2. C，解析：根据《农村土地承包经营纠纷调解仲裁法》第11条第1款规定，仲裁庭对农村土地承包经营纠纷应当进行调解。调解达成协议的，仲裁庭应当制作调解书；调解不成的，应当及时作出裁决。

3. B，解析：根据《农村土地承包经营纠纷调解仲裁法》第18条规定，农村土地承包经营纠纷申请仲裁的时效期间为2年，自当事人知道或者应当知道其权利被侵害之日起计算。

4. D，解析：根据《农村土地承包经营纠纷调解仲裁法》第24条规定，农村土地承包仲裁委员会应当自受理仲裁申请之日起5个工作日内，将受理通知书、仲裁申请书副本、仲裁规则和仲裁员名册送达被申请人。

（三）多项选择题

1. ABCD，解析：根据《农村土地承包经营纠纷调解仲裁法》第36条规定，当事人在开庭过程中有权发表意见、陈述事实和理由、提供证据、进行质证和辩论。对不通晓当地通用语言文字的当事人，农村土地承包仲裁委员会应当为其提供翻译。

2. ABC，解析：根据《农村土地承包经营纠纷调解仲裁法》第 42 条第 1 款规定，对权利义务关系明确的纠纷，经当事人申请，仲裁庭可以先行裁定维持现状、恢复农业生产以及停止取土、占地等行为。

（四）填空题

1. 选举。（《农村土地承包经营纠纷调解仲裁法》第 13 条）
2. 农村土地承包法律；国家政策。（《农村土地承包经营纠纷调解仲裁法》第 16 条）
3. 索贿受贿；徇私舞弊。（《农村土地承包经营纠纷调解仲裁法》第 17 条）
4. 国家秘密；商业秘密；个人隐私。（《农村土地承包经营纠纷调解仲裁法》第 40 条）
5. 有遗漏或者差错的；申请补正。（《农村土地承包经营纠纷调解仲裁法》第 43 条）
6. 多数仲裁员；首席仲裁员。（《农村土地承包经营纠纷调解仲裁法》第 44 条）
7. 30 日内；发生法律效力。（《农村土地承包经营纠纷调解仲裁法》第 48 条）
8. 收取费用；财政预算。（《农村土地承包经营纠纷调解仲裁法》第 52 条）

（五）简答题

1. 答：根据《农村土地承包经营纠纷调解仲裁法》第 2 条第 2 款规定，农村土地承包经营纠纷包括：（1）因订立、履行、变更、解除和终止农村土地承包合同发生的纠纷；（2）因农村土地承包经营权转包、出租、互换、转让、入股等流转发生的纠纷；（3）因收回、调整承包地发生的纠纷；（4）因确认农村土地承包经营权发生的纠纷；（5）因侵害农村土地承包经营权发生的纠纷；（6）法律、法规规定的其他农村土地承包经营纠纷。
2. 答：根据《农村土地承包经营纠纷调解仲裁法》第 14 条第 1 款规定，农村土地承包仲裁委员会依法履行下列职责：（1）聘任、解聘仲裁员；（2）受理仲裁申请；（3）监督仲裁活动。
3. 答：根据《农村土地承包经营纠纷调解仲裁法》第 28 条第 1 款规定，仲裁员有下列情形之一的，必须回避，当事人也有权以口头或者书面方式申请其回避：（1）是本案当事人或者当事人、代理人的近亲属；（2）与本案有利害关系；（3）与本案当事人、代理人有其他关系，可能影响公正仲裁；（4）私自会见当事人、代理人，或者接受当事人、代理人的请客送礼。

十六、反家庭暴力法

（一）判断题

1. 家庭暴力，是指家庭成员之间以殴打、捆绑、残害、限制人身自由以及经常性谩骂、恐吓等方式实施的身体、精神等侵害行为。（　　）
2. 反家庭暴力工作应当尊重受害人真实意愿，但无需保护当事人隐私。（　　）
3. 人民调解组织应当依法调解家庭纠纷，预防和减少家庭暴力的发生。（　　）
4. 用人单位发现本单位人员有家庭暴力情况的，应当给予批评教育，并做好家庭矛盾的调解、化解工作。（　　）
5. 居民委员会应当对收到告诫书的加害人、受害人进行查访，监督加害人不再实施家庭暴力。（　　）
6. 人民法院依法作出人身安全保护令的，复议期间停止人身安全保护令的执行。（　　）
7. 家庭成员以外共同生活的人之间实施的暴力行为，参照《反家庭暴力法》规定执行。（　　）

（二）单项选择题

1. 关于家庭暴力，下列说法错误的是：（　　）

   A. 反家庭暴力是国家、社会和每个家庭的共同责任

   B. 国家禁止任何形式的家庭暴力

   C. 各级人民政府应当对反家庭暴力工作给予必要的经费保障

   D. 反家庭暴力工作遵循教育为主原则

2. 公安机关出具的告诫书的内容不包括：（　　）

   A. 受害人的身份信息

   B. 加害人的身份信息

C. 家庭暴力的事实陈述

D. 禁止加害人实施家庭暴力

3. 人民法院应当依法对家庭暴力受害人（　　）诉讼费用。

A. 免收

B. 减收

C. 缓收、减收或者免收

D. 减收或缓收

4. 关于人身安全保护令，下列说法错误的是：（　　）

A. 人身安全保护令案件只能由申请人或者被申请人居住地的基层人民法院管辖

B. 申请人身安全保护令应当以书面方式提出

C. 人身安全保护令案件由申请人或者被申请人居住地、家庭暴力发生地的基层人民法院管辖

D. 书面申请确有困难的，可以口头申请，由人民法院记入笔录

5. 人身安全保护令由人民法院以（　　）形式作出。

A. 判决　　B. 裁定

C. 命令　　D. 指示

6. 人民法院受理人身保护令申请后，应当在____小时内作出人身安全保护令或者驳回申请；情况紧急的，应当在____小时内作出。关于横线处填写的内容，下列说法正确的是：（　　）

A. 48；24　　B. 72；12

C. 72；24　　D. 24；12

7. 人身安全保护令的有效期不超过（　　）个月，自作出之日起生效。

A. 8　　B. 3

C. 2　　D. 6

8. 申请人对驳回申请不服或者被申请人对人身安全保护令不服的，可以自裁定生效之日起（　　）日内向作出裁定的人民法院申请复议一次。

A. 10　　B. 5

C. 7　　D. 15

（三）多项选择题

1. 下列哪些人员遭受家庭暴力时应当给予特殊保护？（　　）

A. 未成年人、老年人　　B. 残疾人

C. 孕期和哺乳期的妇女　　D. 重病患者

2. 关于家庭暴力的预防，下列说法正确的有：（　　）

A. 广播、电视、报刊、网络等应当开展家庭美德和反家庭暴力宣传

B. 学校、幼儿园应当开展家庭美德和反家庭暴力教育

C. 医疗机构应当做好家庭暴力受害人的诊疗记录

D. 街道办事处应当组织开展家庭暴力预防工作，居民委员会应当予以配合协助

3. 关于家庭暴力的处置，下列说法正确的有：（　　）

A. 有关单位接到家庭暴力投诉、反映或者求助后，应当给予帮助、处理

B. 家庭暴力受害人及其法定代理人、近亲属也可以向公安机关报案或者依法向人民法院起诉

C. 单位、个人发现正在发生的家庭暴力行为，有权及时劝阻

D. 居民委员会、社会工作服务机构及其工作人员在工作中发现无民事行为能力人、限制民事行为能力人遭受或者疑似遭受家庭暴力的，应当及时向公安机关报案

4. 当事人是无民事行为能力人、限制民事行为能力人，或者因受到强制、威吓等原因无法申请人身安全保护令的，下列哪些人员或组织可以代为申请？（　　）

A. 近亲属

B. 公安机关、妇女联合会

C. 居民委员会

D. 村民委员会、救助管理机构

5. 人身安全保护令失效前，人民法院可以根据申请人的申请（　　）。

A. 中断　　B. 撤销

C. 变更　　D. 延长

6. 当被申请人违反人身安全保护令时，下列哪些说法是正确的？（　）

A. 构成犯罪的，依法追究刑事责任

B. 尚不构成犯罪的，人民法院应当给予训诫，可以根据情节轻重处以 15 日以下拘留

C. 尚不构成犯罪的，人民法院应当给予训诫，可以根据情节轻重处以 500 元以下罚款

D. 尚不构成犯罪的，人民法院应当给予训诫，可以根据情节轻重处以 1000 元以下罚款

（四）填空题

1. 家庭成员之间应当____，____，____，____。
2. 反家庭暴力工作遵循____为主，____、____与____相结合原则。
3. 人民调解组织应当依法调解家庭纠纷，____和____家庭暴力的发生。
4. 无民事行为能力人、限制民事行为能力人因家庭暴力身体受到严重伤害、面临人身安全威胁或者处于无人照料等危险状态的，公安机关应当通知并协助民政部门将其安置到____、____或者____。
5. 人民法院审理涉及家庭暴力的案件，可以根据____、____、____等证据，认定家庭暴力事实。
6. 当事人因遭受家庭暴力或者面临家庭暴力的现实危险，向人民法院申请____的，人民法院应当受理。

（五）简答题

简述作出人身安全保护令的条件及人身安全保护令可以包括的措施。

参考答案

（一）判断题

1. √，解析：根据《反家庭暴力法》第 2 条规定。
2. ×，解析：根据《反家庭暴力法》第 5 条第 2 款规定，反家庭暴力工作应当尊重受害人真实意愿，保护当事人隐私。

3. √，解析：根据《反家庭暴力法》第 10 条规定。
4. √，解析：根据《反家庭暴力法》第 11 条规定。
5. √，解析：根据《反家庭暴力法》第 17 条规定。
6. ×，解析：根据《反家庭暴力法》第 31 条规定，人民法院依法作出人身安全保护令的，复议期间不停止人身安全保护令的执行。
7. √，解析：根据《反家庭暴力法》第 37 条规定。

（二）单项选择题

1. D，解析：根据《反家庭暴力法》第 3 条第 2、3 款规定，反家庭暴力是国家、社会和每个家庭的共同责任。国家禁止任何形式的家庭暴力。根据《反家庭暴力法》第 4 条第 3 款规定，各级人民政府应当对反家庭暴力工作给予必要的经费保障。根据《反家庭暴力法》第 5 条规定，反家庭暴力工作遵循预防为主，教育、矫治与惩处相结合原则。
2. A，解析：根据《反家庭暴力法》第 16 条第 2 款规定，告诫书应当包括加害人的身份信息、家庭暴力的事实陈述、禁止加害人实施家庭暴力等内容。
3. C，解析：根据《反家庭暴力法》第 19 条第 2 款规定，人民法院应当依法对家庭暴力受害人缓收、减收或者免收诉讼费用。
4. A，解析：根据《反家庭暴力法》第 24 条规定，申请人身安全保护令应当以书面方式提出；书面申请确有困难的，可以口头申请，由人民法院记入笔录。根据《反家庭暴力法》第 25 条规定，人身安全保护令案件由申请人或者被申请人居住地、家庭暴力发生地的基层人民法院管辖。
5. B，解析：根据《反家庭暴力法》第 26 条规定，人身安全保护令由人民法院以裁定形式作出。
6. C，解析：根据《反家庭暴力法》第 28 条规定，人民法院受理申请后，应当在 72 小时内作出人身安全保护令或者驳回申请；情况紧急的，应当在 24 小时内作出。
7. D，解析：根据《反家庭暴力法》第 30 条规定，人身安全保护令的有效期不超过 6 个月，自作出之日起生效。
8. B，解析：根据《反家庭暴力法》第 31 条规定，申请人对驳回申请不服或者被申请人对人身安全保护令不服的，可以自裁定生效之日起 5 日内向作出裁定的人民法院申请复议一次。人民法院依法作出人身安全保护令的，复议期间不停止人身安全保护令的执行。

（三）多项选择题

1. ABCD，解析：根据《反家庭暴力法》第 5 条第 3 款规定，未成年人、老年人、残疾人、孕期和哺乳期的妇女、重病患者遭受家庭暴力的，应当给予特殊保护。
2. ABCD，解析：根据《反家庭暴力法》第 6 条第 3、4 款规定，广播、电视、报刊、网络等应当开展家庭美德和反家庭暴力宣传。学校、幼儿园应当开展家庭美德和反家庭暴力教育。根据《反家庭暴力法》第 7 条第 2 款，医疗机构应当做好家庭暴力受害人的诊疗记录。根据《反家庭暴力法》第 8 条规定，乡镇人民政府、街道办事处应当组织开展家庭暴力预防工作，居民委员会、村民委员会、社会工作服务机构应当予以配合协助。
3. ABCD，解析：根据《反家庭暴力法》第 13 条规定，家庭暴力受害人及其法定代理人、近亲属可以向加害人或者受害人所在单位、居民委员会、村民委员会、妇女联合会等单位投诉、反映或者求助。有关单位接到家庭暴力投诉、反映或者求助后，应当给予帮助、处理。家庭暴力受害人及其法定代理人、近亲属也可以向公安机关报案或者依法向人民法院起诉。单位、个人发现正在发生的家庭暴力行为，有权及时劝阻。根据《反家庭暴力法》第 14 条规定，学校、幼儿园、医疗机构、居民委员会、村民委员会、社会工作服务机构、救助管理机构、福利机构及其工作人员在工作中发现无民事行为能力人、限制民事行为能力人遭受或者疑似遭受家庭暴力的，应当及时向公安机关报案。公安机关应当对报案人的信息予以保密。
4. ABCD，解析：根据《反家庭暴力法》第 23 条第 2 款规定，当事人是无民事行为能力人、限制民事行为能力人，或者因受到强制、威吓等原因无法申请人身安全保护令的，其近亲属、公安机关、妇女联合会、居民委员会、村民委员会、救助管理机构可以代为申请。
5. BCD，解析：根据《反家庭暴力法》第 30 条规定，人身安全保护令的有效期不超过 6 个月，自作出之日起生效。人身安全保护令失效前，人民法院可以根据申请人的申请撤销、变更或者延长。
6. ABD，解析：根据《反家庭暴力法》第 34 条规定，被申请人违反人身安全保护令，构成犯罪的，依法追究刑事责任；尚不构成犯罪的，人民法院应当给予训诫，可以根据情节轻重处以 1000 元以下罚款、15 日以下拘留。

（四）填空题

1. 互相帮助；互相关爱；和睦相处；履行家庭义务。（《反家庭暴力法》第 3 条）

2. 预防；教育；矫治；惩处。（《反家庭暴力法》第 5 条）
3. 预防；减少。（《反家庭暴力法》第 10 条）
4. 临时庇护场所；救助管理机构；福利机构。（《反家庭暴力法》第 15 条）
5. 公安机关出警记录；告诫书；伤情鉴定意见。（《反家庭暴力法》第 20 条）
6. 人身安全保护令。（《反家庭暴力法》第 23 条）

（五）简答题

答：根据《反家庭暴力法》第 27 条规定，作出人身安全保护令，应当具备下列条件：（1）有明确的被申请人；（2）有具体的请求；（3）有遭受家庭暴力或者面临家庭暴力现实危险的情形。

根据《反家庭暴力法》第 29 条规定，人身安全保护令可以包括下列措施：（1）禁止被申请人实施家庭暴力；（2）禁止被申请人骚扰、跟踪、接触申请人及其相关近亲属；（3）责令被申请人迁出申请人住所；（4）保护申请人人身安全的其他措施。

十七、人民调解法

（一）判断题

1. 人民调解委员会调解民间纠纷，不收取任何费用。（　　）
2. 当事人可以向人民调解委员会申请调解；人民调解委员会也可以主动调解。当事人一方明确拒绝调解的，也可调解。（　　）
3. 人民调解委员会根据调解纠纷的需要，只能指定一名或者数名人民调解员进行调解。（　　）
4. 人民调解员根据调解纠纷的需要，在征得当事人的同意后，可以邀请当事人的亲属、邻里、同事等参与调解，也可以邀请具有专门知识、特定经验的人员或者有关社会组织的人员参与调解。（　　）
5. 经人民调解委员会调解达成的调解协议，不具有法律约束力。（　　）
6. 经人民调解委员会调解达成调解协议后，当事人之间就调解协议的履行或者调解协议的内容发生争议的，一方当事人不可以向人民法院提起诉讼。（　　）

（二）单项选择题

1. 《人民调解法》所称人民调解，是指（　　）通过说服、疏导等方法，促使当事人在平等协商基础上自愿达成调解协议，解决民间纠纷的活动。

   A. 人民调解委员会　　B. 法院调解组织

   C. 法院　　D. 政府部门

2. （　　）负责指导全国的人民调解工作，县级以上地方人民政府司法行政部门负责指导本行政区域的人民调解工作。基层人民法院对人民调解委员会调解民间纠纷进行业务指导。

   A. 最高人民法院　　B. 国务院司法行政部门

   C. 国务院司法部门　　D. 最高人民检察院

3. 人民调解委员会由委员（　　）组成，设主任1人，必要时，可以设副主任若干人。

A. 3至9人　　B. 3至7人

C. 5至9人　　D. 5至7人

4. 人民调解员从事调解工作，应当给予适当的（　　）；因从事调解工作致伤致残，生活发生困难的，当地人民政府应当提供必要的医疗、生活救助；在人民调解工作岗位上牺牲的人民调解员，其配偶、子女按照国家规定享受抚恤和优待。

A. 薪酬补贴　　B. 误工补贴

C. 酬劳　　D. 奖金

5. 人民调解员在调解纠纷过程中，发现纠纷有可能激化的，应当采取有针对性的预防措施；对有可能引起治安案件、刑事案件的纠纷，应当及时向（　　）或者其他有关部门报告。

A. 当地基层人民法院　　B. 当地基层人民检察院

C. 当地基层人民政府　　D. 当地公安机关

6. （　　）应当记录调解情况。人民调解委员会应当建立调解工作档案，将调解登记、调解工作记录、调解协议书等材料立卷归档。

A. 书记员　　B. 人民调解员

C. 法官　　D. 人民调解委员会主任

7. 经人民调解委员会调解达成调解协议的，可以制作（　　）。

A. 调解协议书　　B. 新合同协议

C. 调解成功证明　　D. 双方权利义务证明书

（三）多项选择题

1. 人民调解委员会调解民间纠纷，应当遵循哪些原则？（　　）

A. 效率和公平原则

B. 在当事人自愿、平等的基础上进行调解

C. 不违背法律、法规和国家政策

D. 尊重当事人的权利，不得因调解而阻止当事人依法通过仲裁、行政、司法等途径维护自己的权利

2. 人民调解员在调解工作中有下列哪些行为之一的，由其所在的人民调解委员会给予批评教育、责令改正，情节严重的，由推选或者聘任单位予以罢免或者解聘？（　　）

A. 偏袒一方当事人的

B. 侮辱当事人的

C. 索取、收受财物或者牟取其他不正当利益的

D. 泄露当事人的个人隐私、商业秘密的

3. （　　）对适宜通过人民调解方式解决的纠纷，可以在受理前告知当事人向人民调解委员会申请调解。

A. 仲裁机构　　B. 基层人民政府

C. 基层人民法院　　D. 公安机关

4. 人民调解员调解纠纷，调解不成的，应当终止调解，并依据有关法律、法规的规定，告知当事人可以依法通过（　　）等途径维护自己的权利。

A. 仲裁　　B. 诉讼

C. 行政　　D. 司法

5. 人民调解员根据调解纠纷的需要，在征得当事人的同意后，可以邀请当事人的（　　）等参与调解，也可以邀请具有专门知识、特定经验的人员或者有关社会组织的人员参与调解。

A. 亲属　　B. 邻里

C. 同事　　D. 单位领导

（四）填空题

1. 为了完善____，规范人民调解活动，及时解决民间纠纷，维护社会和谐稳定，根据宪法，制定《人民调解法》。

2. 人民调解委员会是依法设立的调解民间纠纷的____组织。

3. 人民调解委员会应当有____，多民族居住的地区应当有人数较少民族的成员。

4. 调解民间纠纷，应当____、____进行，防止矛盾激化。

5. 人民调解员根据纠纷的不同情况，可以采取多种方式调解民间纠纷，充分听取当事人的陈述，讲解有关法律、法规和国家政策，耐心疏导，在

当事人____、____的基础上提出纠纷解决方案，帮助当事人自愿达成调解协议。

6. 口头调解协议自____之日起生效。
7. 经人民调解委员会调解达成调解协议后，双方当事人认为有必要的，可以自调解协议生效之日起____日内共同向人民法院申请司法确认，人民法院应当及时对调解协议进行审查，依法确认调解协议的效力。
8. 人民法院依法确认调解协议有效，一方当事人拒绝履行或者未全部履行的，对方当事人可以向人民法院____。

（五）简答题

1. 简述当事人在人民调解活动中享有的权利和义务。
2. 简述调解协议书可以载明的事项。

参考答案

（一）判断题

1. √，解析：根据《人民调解法》第4条规定。
2. ×，解析：根据《人民调解法》第17条规定，当事人可以向人民调解委员会申请调解；人民调解委员会也可以主动调解。当事人一方明确拒绝调解的，不得调解。
3. ×，解析：根据《人民调解法》第19条规定，人民调解委员会根据调解纠纷的需要，可以指定一名或者数名人民调解员进行调解，也可以由当事人选择一名或者数名人民调解员进行调解。
4. √，解析：根据《人民调解法》第20条规定。
5. ×，解析：根据《人民调解法》第31条第1款规定，经人民调解委员会调解达成的调解协议，具有法律约束力，当事人应当按照约定履行。
6. ×，解析：根据《人民调解法》第32条规定，经人民调解委员会调解达成调解协议后，当事人之间就调解协议的履行或者调解协议的内容发生争议的，一方当事人可以向人民法院提起诉讼。

（二）单项选择题

1. A，解析：根据《人民调解法》第2条规定，本法所称人民调解，是指人民调解委员会通过说服、疏导等方法，促使当事人在平等协商基础上自愿达成调解协议，解决民间纠纷的活动。

2. B，解析：根据《人民调解法》第 5 条规定，国务院司法行政部门负责指导全国的人民调解工作，县级以上地方人民政府司法行政部门负责指导本行政区域的人民调解工作。基层人民法院对人民调解委员会调解民间纠纷进行业务指导。
3. A，解析：根据《人民调解法》第 8 条第 2 款规定，人民调解委员会由委员 3 至 9 人组成，设主任 1 人，必要时，可以设副主任若干人。
4. B，解析：根据《人民调解法》第 16 条规定，人民调解员从事调解工作，应当给予适当的误工补贴；因从事调解工作致伤致残，生活发生困难的，当地人民政府应当提供必要的医疗、生活救助；在人民调解工作岗位上牺牲的人民调解员，其配偶、子女按照国家规定享受抚恤和优待。
5. D，解析：根据《人民调解法》第 25 条规定，人民调解员在调解纠纷过程中，发现纠纷有可能激化的，应当采取有针对性的预防措施；对有可能引起治安案件、刑事案件的纠纷，应当及时向当地公安机关或者其他有关部门报告。
6. B，解析：根据《人民调解法》第 27 条规定，人民调解员应当记录调解情况。人民调解委员会应当建立调解工作档案，将调解登记、调解工作记录、调解协议书等材料立卷归档。
7. A，解析：根据《人民调解法》第 28 条规定，经人民调解委员会调解达成调解协议的，可以制作调解协议书。当事人认为无需制作调解协议书的，可以采取口头协议方式，人民调解员应当记录协议内容。

（三）多项选择题

1. BCD，解析：根据《人民调解法》第 3 条规定，人民调解委员会调解民间纠纷，应当遵循下列原则：（1）在当事人自愿、平等的基础上进行调解；（2）不违背法律、法规和国家政策；（3）尊重当事人的权利，不得因调解而阻止当事人依法通过仲裁、行政、司法等途径维护自己的权利。
2. ABCD，解析：根据《人民调解法》第 15 条规定，人民调解员在调解工作中有下列行为之一的，由其所在的人民调解委员会给予批评教育、责令改正，情节严重的，由推选或者聘任单位予以罢免或者解聘：（1）偏袒一方当事人的；（2）侮辱当事人的；（3）索取、收受财物或者牟取其他不正当利益的；（4）泄露当事人的个人隐私、商业秘密的。
3. CD，解析：根据《人民调解法》第 18 条规定，基层人民法院、公安机关对适宜通过人民调解方式解决的纠纷，可以在受理前告知当事人向人民调解委员会申请调解。

4. ACD，解析：根据《人民调解法》第26条规定，人民调解员调解纠纷，调解不成的，应当终止调解，并依据有关法律、法规的规定，告知当事人可以依法通过仲裁、行政、司法等途径维护自己的权利。

5. ABC，解析：根据《人民调解法》第20条第1款规定，人民调解员根据调解纠纷的需要，在征得当事人的同意后，可以邀请当事人的亲属、邻里、同事等参与调解，也可以邀请具有专门知识、特定经验的人员或者有关社会组织的人员参与调解。

（四）填空题

1. 人民调解制度。（《人民调解法》第1条）
2. 群众性。（《人民调解法》第7条）
3. 妇女成员。（《人民调解法》第8条）
4. 及时；就地。（《人民调解法》第21条）
5. 平等协商；互谅互让。（《人民调解法》第22条）
6. 各方当事人达成协议。（《人民调解法》第30条）
7. 30。（《人民调解法》第33条）
8. 申请强制执行。（《人民调解法》第33条）

（五）简答题

1. 答：根据《人民调解法》第23条规定，当事人在人民调解活动中享有下列权利：（1）选择或者接受人民调解员；（2）接受调解、拒绝调解或者要求终止调解；（3）要求调解公开进行或者不公开进行；（4）自主表达意愿、自愿达成调解协议。根据《人民调解法》第24条规定，当事人在人民调解活动中履行下列义务：（1）如实陈述纠纷事实；（2）遵守调解现场秩序，尊重人民调解员；（3）尊重对方当事人行使权利。

2. 答：根据《人民调解法》第29条规定，调解协议书可以载明下列事项：（1）当事人的基本情况；（2）纠纷的主要事实、争议事项以及各方当事人的责任；（3）当事人达成调解协议的内容，履行的方式、期限。调解协议书自各方当事人签名、盖章或者按指印，人民调解员签名并加盖人民调解委员会印章之日起生效。调解协议书由当事人各执一份，人民调解委员会留存一份。

十八、民事诉讼法

（一）判断题

1. 中华人民共和国民事诉讼法以宪法为根据，结合我国民事审判工作的经验和实际情况制定。（　　）
2. 制裁民事违法行为，保护当事人的合法权益是中华人民共和国民事诉讼法的唯一任务。（　　）
3. 人民法院受理自然人之间、法人之间、其他组织之间以及他们相互之间因财产关系和人身关系提起的民事诉讼，适用《民事诉讼法》的规定。（　　）
4. 外国人、无国籍人、外国企业和组织在人民法院起诉、应诉，同中华人民共和国公民、法人和其他组织有对等的诉讼权利义务。（　　）
5. 人民法院依照法律规定对民事案件进行审判，行政机关可以对审判过程进行干涉。（　　）
6. 各民族公民都应使用汉字进行民事诉讼。（　　）
7. 人民检察院有权对民事诉讼实行法律监督。（　　）
8. 民族自治地方的人民代表大会根据宪法和《民事诉讼法》的原则，结合当地民族的具体情况，可以制定变通或者补充的规定。（　　）

（二）单项选择题

1. 下列哪一选项不属于公众可以查阅的发生法律效力的判决书、裁定书的内容？（　　）

   A. 涉及第三人的内容　　B. 涉及诉讼标的额的内容

   C. 涉及商业秘密的内容　　D. 涉及未成年人的内容

2. 关于《民事诉讼法》的任务，下列哪一说法是错误的？（　　）

   A. 保护当事人行使诉讼权利　　B. 及时审理民事案件

   C. 制裁民事违法行为　　D. 惩罚犯罪

3. 下列关于民事诉讼的哪一说法是错误的？（　　）

A. 公民与法人之间因财产关系提起的民事诉讼，应适用《民事诉讼法》的规定

B. 惩罚犯罪不是民事诉讼的任务

C. 中华人民共和国民事诉讼法以民法为依据

D. 凡在中华人民共和国领域内进行民事诉讼，必须遵守《民事诉讼法》

4. 外国人、无国籍人、外国企业和组织在人民法院起诉、应诉，同中华人民共和国公民、法人和其他组织有（　　）的诉讼权利义务。

A. 相同　　B. 不同

C. 同等　　D. 对等

5. 民事诉讼当事人有（　　）的诉讼权利。

A. 同等　　B. 对等

C. 相同　　D. 平等

6. 在少数民族聚居或者多民族共同居住的地区，人民法院应当用下列哪一种语言、文字进行审理和发布法律文书？（　　）

A. 汉族的　　B. 当地民族的任意一种

C. 当地民族通用的　　D. 法官惯用的

7. 下列哪一主体有权对民事诉讼实行法律监督？（　　）

A. 行政机关　　B. 全国人民代表大会

C. 公安机关　　D. 人民检察院

（三）多项选择题

1. 下列哪些选项属于《民事诉讼法》的任务？（　　）

A. 保证人民法院查明事实　　B. 正确适用法律

C. 确认民事权利义务关系　　D. 保护当事人的合法权益

2. 下列哪些民事诉讼应适用《民事诉讼法》的规定？（　　）

A. 自然人之间因财产关系提起的民事诉讼

B. 公民之间因人身关系提起的民事诉讼

C. 自然人与法人之间因财产关系提起的民事诉讼

D. 法人与其他组织之间因财产关系提起的民事诉讼

3. 人民法院依照法律规定对民事案件独立进行审判，不受（　　）的干涉。

A. 行政机关　　B. 社会团体

C. 个人　　D. 司法机关

4. 人民法院审理民事案件，依照法律规定实行下列哪些制度？（　　）

A. 合议　　B. 回避

C. 公开审判　　D. 两审终审

5. 人民法院审理民事案件时，下列哪些人有权辩论？（　　）

A. 原告　　B. 被告

C. 书记员　　D. 法官

6. 下列哪些主体对损害国家、集体或者个人民事权益的行为，可以支持受损害的单位或者个人向人民法院起诉？（　　）

A. 机关　　B. 社会团体

C. 企业事业单位　　D. 人民检察院

（四）填空题

1. 中华人民共和国民事诉讼法以____为根据，结合我国民事审判工作的经验和实际情况制定。
2. 中华人民共和国民事诉讼法的任务，是保护当事人行使____，保证人民法院查明事实，分清是非，____法律，____民事案件，确认民事权利义务关系，制裁民事违法行为，保护当事人的合法权益，教育公民自觉遵守法律，维护社会秩序、经济秩序，保障社会主义建设事业顺利进行。
3. 人民法院受理____之间、____之间、____之间以及他们相互之间因财产关系和人身关系提起的民事诉讼，适用《民事诉讼法》的规定。
4. 民事案件的审判权由____行使。人民法院依照法律规定对民事案件独立进行审判，不受____、____和____的干涉。
5. 人民法院审理民事案件，必须以____为根据，以____为准绳。
6. 人民法院审理民事案件，应当根据____和____的原则进行调解；调解不成的，应当____判决。
7. 当事人有权在法律规定的范围内处分自己的____权利和____权利。

8. 机关、社会团体、企业事业单位对损害____、____或者____民事权益的行为，可以支持受损害的单位或者个人向人民法院起诉。

（五）简答题

1. 简述同等原则和对等原则的含义。
2. 简述民事诉讼中的支持起诉原则。

参考答案

（一）判断题

1. √，解析：根据《民事诉讼法》第1条规定。
2. ×，解析：根据《民事诉讼法》第2条规定，中华人民共和国民事诉讼法的任务，是保护当事人行使诉讼权利，保证人民法院查明事实，分清是非，正确适用法律，及时审理民事案件，确认民事权利义务关系，制裁民事违法行为，保护当事人的合法权益，教育公民自觉遵守法律，维护社会秩序、经济秩序，保障社会主义建设事业顺利进行。
3. ×，解析：根据《民事诉讼法》第3条规定，人民法院受理公民之间、法人之间、其他组织之间以及他们相互之间因财产关系和人身关系提起的民事诉讼，适用本法的规定。
4. ×，解析：根据《民事诉讼法》第5条第1款规定，外国人、无国籍人、外国企业和组织在人民法院起诉、应诉，同中华人民共和国公民、法人和其他组织有同等的诉讼权利义务。
5. ×，解析：根据《民事诉讼法》第6条第2款规定，人民法院依照法律规定对民事案件独立进行审判，不受行政机关、社会团体和个人的干涉。
6. ×，解析：根据《民事诉讼法》第11条第1款规定，各民族公民都有用本民族语言、文字进行民事诉讼的权利。
7. √，解析：根据《民事诉讼法》第14条规定。
8. √，解析：根据《民事诉讼法》第17条规定。

（二）单项选择题

1. C，解析：根据《民事诉讼法》第159条规定，公众可以查阅发生法律效力的判决书、裁定书，但涉及国家秘密、商业秘密和个人隐私的内容除外。

2. D，解析：根据《民事诉讼法》第 2 条规定，中华人民共和国民事诉讼法的任务，是保护当事人行使诉讼权利，保证人民法院查明事实，分清是非，正确适用法律，及时审理民事案件，确认民事权利义务关系，制裁民事违法行为，保护当事人的合法权益，教育公民自觉遵守法律，维护社会秩序、经济秩序，保障社会主义建设事业顺利进行。
3. C，解析：根据《民事诉讼法》第 1 条规定，中华人民共和国民事诉讼法以宪法为根据，结合我国民事审判工作的经验和实际情况制定。
4. C，解析：根据《民事诉讼法》第 5 条第 1 款规定，外国人、无国籍人、外国企业和组织在人民法院起诉、应诉，同中华人民共和国公民、法人和其他组织有同等的诉讼权利义务。
5. D，解析：根据《民事诉讼法》第 8 条规定，民事诉讼当事人有平等的诉讼权利。人民法院审理民事案件，应当保障和便利当事人行使诉讼权利，对当事人在适用法律上一律平等。
6. C，解析：根据《民事诉讼法》第 11 条第 2 款规定，在少数民族聚居或者多民族共同居住的地区，人民法院应当用当地民族通用的语言、文字进行审理和发布法律文书。
7. D，解析：根据《民事诉讼法》度 14 条规定，人民检察院有权对民事诉讼实行法律监督。

（三）多项选择题

1. ABCD，解析：根据《民事诉讼法》第 2 条规定，中华人民共和国民事诉讼法的任务，是保护当事人行使诉讼权利，保证人民法院查明事实，分清是非，正确适用法律，及时审理民事案件，确认民事权利义务关系，制裁民事违法行为，保护当事人的合法权益，教育公民自觉遵守法律，维护社会秩序、经济秩序，保障社会主义建设事业顺利进行。
2. BD，解析：根据《民事诉讼法》第 3 条规定，人民法院受理公民之间、法人之间、其他组织之间以及他们相互之间因财产关系和人身关系提起的民事诉讼，适用本法的规定。
3. ABC，解析：根据《民事诉讼法》第 6 条第 2 款规定，人民法院依照法律规定对民事案件独立进行审判，不受行政机关、社会团体和个人的干涉。
4. ABCD，解析：根据《民事诉讼法》第 10 条规定，人民法院审理民事案件，依照法律规定实行合议、回避、公开审判和两审终审制度。
5. AB，解析：根据《民事诉讼法》第 12 条规定，人民法院审理民事案件时，当事人有权进行辩论。

6. ABC，解析：根据《民事诉讼法》第15条规定，机关、社会团体、企业事业单位对损害国家、集体或者个人民事权益的行为，可以支持受损害的单位或者个人向人民法院起诉。

(四) 填空题

1. 宪法。(《民事诉讼法》第1条)
2. 诉讼权利；正确适用；及时审理。(《民事诉讼法》第2条)
3. 公民；法人；其他组织。(《民事诉讼法》第3条)
4. 人民法院；行政机关；社会团体；个人。(《民事诉讼法》第6条)
5. 事实；法律。(《民事诉讼法》第7条)
6. 自愿；合法；及时。(《民事诉讼法》第9条)
7. 民事；诉讼。(《民事诉讼法》第13条)
8. 国家；集体；个人。(《民事诉讼法》第15条)

(五) 简答题

1. 答：根据《民事诉讼法》第5条规定，同等原则是指外国人、无国籍人、外国企业和组织在人民法院起诉、应诉，同中华人民共和国公民、法人和其他组织有同等的诉讼权利义务。对等原则是指外国法院对中华人民共和国公民、法人和其他组织的民事诉讼权利加以限制的，中华人民共和国人民法院对该国公民、企业和组织的民事诉讼权利，实行对等原则。
2. 答：根据《民事诉讼法》第15条规定，机关、社会团体、企业事业单位对损害国家、集体或者个人民事权益的行为，可以支持受损害的单位或者个人向人民法院起诉。

十九、刑　法

（一）判断题

1. 对任何人犯罪，在适用法律上一律平等。不允许任何人有超越法律的特权。（　　）
2. 已满14周岁不满18周岁的人犯罪，可以从轻或者减轻处罚。（　　）
3. 教唆不满18周岁的人犯罪的，应当从重处罚。如果被教唆的人年满18岁，对于教唆犯，可以从轻或者减轻处罚。（　　）
4. 主刑不包括管制、拘役和罚金。（　　）
5. 附加剥夺政治权利的刑期，从徒刑、拘役执行完毕之日或者从假释之日起计算；剥夺政治权利的效力当然施用于主刑执行期间。（　　）
6. 对于自首的犯罪分子，应该从轻或者减轻处罚。（　　）
7. 对假释的犯罪分子，在假释考验期限内，依法实行社区矫正。（　　）
8. 以暴力、胁迫或者其他方法强制猥亵他人或者侮辱妇女的，处3年以下有期徒刑或者拘役。（　　）
9. 拐卖妇女、儿童的，处5年以上10年以下有期徒刑，并处罚金；造成被拐卖的妇女、儿童或者其亲属重伤、死亡或者其他严重后果的，处10年以上有期徒刑或者无期徒刑，并处罚金或者没收财产；情节特别严重的，处死刑，并处没收财产。（　　）
10. 《刑法》第240条规定的拐卖妇女罪中的“妇女”，既包括具有中国国籍的妇女，也包括具有外国国籍和无国籍的妇女。被拐卖的外国妇女没有身份证明的，不影响对犯罪分子的定罪处罚。（　　）
11. 收买被拐卖的妇女、儿童，非法剥夺、限制其人身自由或者有伤害、侮辱等犯罪行为的，依照《刑法》的有关规定定罪处罚。收买被拐卖的妇女、儿童，并有前述规定的犯罪行为的，择一重罪处罚。（　　）
12. 组织、利用会道门、邪教组织或者利用迷信破坏国家法律、行政法规实施的，又有奸淫妇女、诈骗财物等犯罪行为的，依照数罪并罚的规定处

罚。（　　）

13. 对被拐卖、绑架的妇女、儿童负有解救职责的国家机关工作人员，接到被拐卖、绑架的妇女、儿童及其家属的解救要求或者接到其他人的举报，而对被拐卖、绑架的妇女、儿童不进行解救，造成严重后果的，处5年以下有期徒刑或者拘役。（　　）

（二）单项选择题

1. 已满75周岁的人过失犯罪的，（　　）。
   A. 可以从轻或者减轻处罚
   B. 应当从轻或者减轻处罚
   C. 应当从轻、减轻或者免除处罚
   D. 法律有规定的才负刑事责任

2. 对正在进行行凶、（　　）以及其他严重危及人身安全的暴力犯罪，采取防卫行为，造成不法侵害人伤亡的，不属于防卫过当，不负刑事责任。
   A. 杀人、抢劫、强奸、绑架
   B. 杀人、抢夺、强奸、绑架
   C. 杀人、抢夺、强奸、非法拘禁
   D. 杀人、抢劫、强奸、非法拘禁

3. 因利用职业便利实施犯罪，或者实施违背职业要求的特定义务的犯罪被判处刑罚的，人民法院可以根据犯罪情况和预防再犯罪的需要，禁止其自刑罚执行完毕之日或者假释之日起从事相关职业，期限为（　　）。
   A. 3个月至6个月　　B. 6个月至1年
   C. 1年至2年　　D. 3年至5年

4. 拘役的期限为（　　）。
   A. 1个月至3个月　　B. 3个月至6个月
   C. 6个月至1年　　D. 1个月至6个月

5. 被判处有期徒刑以上刑罚的犯罪分子，刑罚执行完毕或者赦免以后，在（　　）内再犯应当判处有期徒刑以上刑罚之罪的，是累犯，应当从重处罚。
   A. 2年　　B. 3年
   C. 5年　　D. 10年

6. 有期徒刑的假释考验期限，为（　　）；无期徒刑的假释考验期限为（　　）。假释考验期限，从假释之日起计算。

A. 没有执行完毕的刑期；10年

B. 原判刑期1/3的刑期；没有执行完毕的刑期

C. 原判刑期1/2的刑期；10年

D. 10年；10年

7. 以暴力、胁迫或者其他手段强奸妇女的，处（　　）有期徒刑。

A. 3年以上7年以下

B. 3年以上10年以下

C. 5年以上10年以下

D. 10年以上

8. 奸淫不满（　　）周岁的幼女的，以强奸论，从重处罚。

A. 10　　B. 12

C. 14　　D. 16

9. 拐卖妇女、儿童的，处5年以上10年以下有期徒刑，并处罚金；拐卖妇女、儿童（　　）人以上的，处10年以上有期徒刑或者无期徒刑，并处罚金或者没收财产；情节特别严重的，处死刑，并处没收财产。

A. 3　　B. 4

C. 5　　D. 6

10. 收买被拐卖的妇女、儿童的，处（　　）。

A. 拘役或者管制，并处罚金

B. 拘役或者管制

C. 3年以下有期徒刑、拘役或者管制，并处罚金

D. 3年以下有期徒刑、拘役或者管制

11. 以暴力、威胁方法阻碍（　　）解救被收买的妇女、儿童的，依照《刑法》第277条的规定定罪处罚。

A. 国家机关工作人员　　B. 国家工作人员

C. 司法机关工作人员　　D. 政府机关工作人员

（三）多项选择题

1. 一切（　　）的行为，依照法律应当受刑罚处罚的，都是犯罪，但是情节显著轻微危害不大的，不认为是犯罪。

A. 危害国家主权、领土完整和安全

B. 分裂国家、颠覆人民民主专政的政权和推翻社会主义制度

C. 破坏社会秩序和经济秩序

D. 侵犯国有财产或者劳动群众集体所有的财产

2. 为了犯罪，（　　）的，是犯罪预备。

A. 萌生犯意　　B. 准备工具

C. 制造条件　　D. 着手实行

3. 不适用死刑的情形有：（　　）

A. 犯罪的时候不满 18 周岁的人

B. 犯罪的时候怀孕的妇女

C. 犯罪的时候年满 75 周岁，以特别残忍手段致人死亡的

D. 审判的时候年满 75 周岁的人

4. 剥夺政治权利是剥夺以下权利哪些权利？（　　）

A. 选举权和被选举权

B. 言论、出版、集会、结社、游行、示威自由的权利

C. 担任国家机关职务的权利

D. 担任国有公司、企业、事业单位和人民团体领导职务的权利

5. （　　）的犯罪分子，在刑罚执行完毕或者赦免以后，在任何时候再犯上述任一类罪的，都以累犯论处。

A. 危害国家安全犯罪

B. 毒品类犯罪

C. 恐怖活动犯罪

D. 黑社会性质的组织犯罪

6. 对于被判处拘役、3 年以下有期徒刑的犯罪分子，同时符合下列条件的，可以宣告缓刑，对其中不满 18 周岁的人、怀孕的妇女和已满 75 周岁的人，应当宣告缓刑的情形有：（　　）

A. 犯罪情节较轻

B. 有悔罪表现

C. 没有再犯罪的危险

D. 宣告缓刑对所居住社区没有重大不良影响。

7. 强奸妇女、奸淫幼女，有下列哪些情形之一的，处 10 年以上有期徒刑、无期徒刑或者死刑？(　　)

A. 强奸妇女、奸淫幼女情节恶劣的

B. 在公共场所当众强奸妇女、奸淫幼女的

C. 二人以上轮奸的

D. 奸淫不满 10 周岁的幼女或者造成幼女伤害的

8. 拐卖妇女、儿童是指以出卖为目的，有（　　）、接送、中转妇女、儿童的行为之一的。

A. 拐骗　　B. 绑架

C. 收买　　D. 贩卖

9. 下列关于收买被拐卖的妇女、儿童的说法正确的是：(　　)

A. 收买被拐卖的妇女、儿童又出卖的，依照《刑法》第 240 条的规定定罪处罚

B. 收买被拐卖的儿童，对被买儿童没有虐待行为，不阻碍对其进行解救的，可以从轻处罚

C. 收买被拐卖的妇女，按照被买妇女的意愿，不阻碍其返回原居住地的，可以从轻或者减轻处罚

D. 收买被拐卖的妇女、儿童的，处 3 年以下有期徒刑、拘役或者管制

（四）填空题

1. 行为在客观上虽然造成了损害结果，但是不是出于故意或者过失，而是由于____或者____的原因所引起的，不是犯罪。

2. 二人以上共同过失犯罪，不以共同犯罪论处；应当负刑事责任的，按照____处罚。

3. 死刑除依法由最高人民法院判决的以外，都应当报请最高人民法院____。死刑缓期执行的，可以由____判决或者核准。

4. 没收犯罪分子全部财产的，应当对____及其____保留必需的生活费用。
5. 有期徒刑总和刑期不满35年的，最高不能超过____，总和刑期在35年以上的，最高不能超过____。
6. 在追诉期限以内又犯罪的，前罪追诉的期限从____计算。
7. 聚众或者在____当众以暴力、胁迫或者其他方法强制猥亵他人或者侮辱妇女的，或者有其他恶劣情节的，处____以上有期徒刑。
8. 拐卖妇女、儿童的，处5年以上10年以下有期徒刑，并处罚金；以____为目的，使用暴力、胁迫或者麻醉方法____妇女、儿童的，处10年以上有期徒刑或者无期徒刑，并处罚金或者没收财产；情节特别严重的，处____，并处没收财产。
9. 收买被拐卖的妇女，____与其发生性关系的，依照《刑法》第236条的规定定罪处罚。
10. 聚众阻碍国家机关工作人员解救被收买的妇女、儿童的____，处5年以下有期徒刑或者拘役；____使用暴力、威胁方法的，依照《刑法》第242条第1款的规定处罚。
11. 负有____职责的国家机关工作人员利用____阻碍解救的，处2年以上____以下有期徒刑；情节较轻的，处2年以下有期徒刑或者拘役。

（五）简答题

1. 简述特殊人员的刑事责任能力。
2. 简述人民法院限制减刑的几种情况。
3. 简述减刑的条件。
4. 简述猥亵儿童罪。

参考答案

（一）判断题

1. √，解析：根据《刑法》第4条规定。
2. ×，解析：根据《刑法》第17条规定，已满16周岁的人犯罪，应当负刑事责任。已满14周岁不满16周岁的人，犯故意杀人、故意伤害致人重伤或者死亡、强奸、抢劫、贩卖毒品、放火、爆炸、投放危险物质罪的，应当负刑事责任。已满 12 周岁不满 14 周岁的人，犯故意杀人、故意伤害罪，致人死亡或者以特别残忍手段致人重伤造成严重残疾，情节恶劣，经最高人民检察院核准追诉的，应当负刑事责任。对依照前三款规定追究刑事责任的不满 18 周岁的人，应当从轻或者减轻处罚。因不满 16 周岁不予刑事处罚的，责令其父母或者其他监护人加以管教；在必要的时候，依法进行专门矫治教育。

3. ×，解析：根据《刑法》第 29 条规定，教唆他人犯罪的，应当按照他在共同犯罪中所起的作用处罚。教唆不满 18 周岁的人犯罪的，应当从重处罚。如果被教唆的人没有犯被教唆的罪，对于教唆犯，可以从轻或者减轻处罚。
4. ×，解析：根据《刑法》第 33 条规定，主刑的种类如下：（1）管制；（2）拘役；（3）有期徒刑；（4）无期徒刑；（5）死刑。
5. ×，解析：根据《刑法》第 58 条规定，附加剥夺政治权利的刑期，从徒刑、拘役执行完毕之日或者从假释之日起计算；剥夺政治权利的效力当然施用于主刑执行期间。被剥夺政治权利的犯罪分子，在执行期间，应当遵守法律、行政法规和国务院公安部门有关监督管理的规定，服从监督；不得行使本法第 54 条规定的各项权利。
6. ×，解析：根据《刑法》第 67 条规定，犯罪以后自动投案，如实供述自己的罪行的，是自首。对于自首的犯罪分子，可以从轻或者减轻处罚。其中，犯罪较轻的，可以免除处罚。被采取强制措施的犯罪嫌疑人、被告人和正在服刑的罪犯，如实供述司法机关还未掌握的本人其他罪行的，以自首论。犯罪嫌疑人虽不具有前两款规定的自首情节，但是如实供述自己罪行的，可以从轻处罚；因其如实供述自己罪行，避免特别严重后果发生的，可以减轻处罚。
7. √，解析：根据《刑法》第 85 条规定。
8. ×，解析：根据《刑法》第 237 条第 1 款规定，以暴力、胁迫或者其他方法强制猥亵他人或者侮辱妇女的，处五年以下有期徒刑或者拘役。
9. √，解析：根据《刑法》第 240 条规定。
10. √，解析：根据《最高人民法院关于审理拐卖妇女案件适用法律有关问题的解释》第 1 条规定。
11. ×，解析：根据《刑法》第 241 条第 3、4 款规定，收买被拐卖的妇女、儿童，非法剥夺、限制其人身自由或者有伤害、侮辱等犯罪行为的，依照本法的有关规定定罪处罚。收买被拐卖的妇女、儿童，并有第 2 款、第 3 款规定的犯罪行为的，依照数罪并罚的规定处罚。

12. √，解析：根据《刑法》第300条规定。
13. √，解析：根据《刑法》第416条规定。

（二）单项选择题

1. B，解析：根据《刑法》第17条之一规定，已满75周岁的人故意犯罪的，可以从轻或者减轻处罚；过失犯罪的，应当从轻或者减轻处罚。
2. A，解析：根据《刑法》第20条规定，为了使国家、公共利益、本人或者他人的人身、财产和其他权利免受正在进行的不法侵害，而采取的制止不法侵害的行为，对不法侵害人造成损害的，属于正当防卫，不负刑事责任。正当防卫明显超过必要限度造成重大损害的，应当负刑事责任，但是应当减轻或者免除处罚。对正在进行行凶、杀人、抢劫、强奸、绑架以及其他严重危及人身安全的暴力犯罪，采取防卫行为，造成不法侵害人伤亡的，不属于防卫过当，不负刑事责任。
3. D，解析：根据《刑法》第37条之一规定，因利用职业便利实施犯罪，或者实施违背职业要求的特定义务的犯罪被判处刑罚的，人民法院可以根据犯罪情况和预防再犯罪的需要，禁止其自刑罚执行完毕之日或者假释之日起从事相关职业，期限为3年至5年。被禁止从事相关职业的人违反人民法院依照前款规定作出的决定的，由公安机关依法给予处罚；情节严重的，依照本法第313条的规定定罪处罚。其他法律、行政法规对其从事相关职业另有禁止或者限制性规定的，从其规定。
4. D，解析：根据《刑法》第42条规定，拘役的期限，为1个月以上6个月以下。
5. C，解析：根据《刑法》第65条规定，被判处有期徒刑以上刑罚的犯罪分子，刑罚执行完毕或者赦免以后，在5年以内再犯应当判处有期徒刑以上刑罚之罪的，是累犯，应当从重处罚，但是过失犯罪和不满18周岁的人犯罪的除外。前款规定的期限，对于被假释的犯罪分子，从假释期满之日起计算。
6. A，解析：根据《刑法》第83条规定，有期徒刑的假释考验期限，为没有执行完毕的刑期；无期徒刑的假释考验期限为10年。假释考验期限，从假释之日起计算。
7. B，解析：根据《刑法》第236条第1款规定，以暴力、胁迫或者其他手段强奸妇女的，处3年以上10年以下有期徒刑。
8. B，解析：根据《刑法》第236条第2款规定，奸淫不满14周岁的幼女的，以强奸论，从重处罚。
9. A，解析：根据《刑法》第240条第1款规定，拐卖妇女、儿童的，处5年以上10年以下有期徒刑，并处罚金；有下列情形之一的，处10年以上有期徒刑或者无期徒刑，并处罚金或者没收财产；情节特别严重的，处死刑，并处没收财产：（1）拐卖妇女、儿童集团的首要分子；（2）拐卖妇女、儿童3人以上的；（3）奸淫被拐卖的妇女的；（4）诱骗、强迫被拐卖的妇女卖淫或者将被拐卖的妇女卖给他人迫使其卖淫的；（5）以出卖为目的，使用暴力、胁迫或者麻醉方法绑架妇女、儿童的；（6）以出卖为目的，偷盗婴幼儿的；（7）造成被拐卖的妇女、儿童或者其亲属重伤、死亡或者其他严重后果的；（8）将妇女、儿童卖往境外的。

10. D，解析：根据《刑法》第241条第1款规定，收买被拐卖的妇女、儿童的，处3年以下有期徒刑、拘役或者管制。

11. A，解析：根据《刑法》第242条第1款规定，以暴力、威胁方法阻碍国家机关工作人员解救被收买的妇女、儿童的，依照本法第277条的规定定罪处罚。

（三）多项选择题

1. ABCD，解析：根据《刑法》第13条规定，一切危害国家主权、领土完整和安全，分裂国家、颠覆人民民主专政的政权和推翻社会主义制度，破坏社会秩序和经济秩序，侵犯国有财产或者劳动群众集体所有的财产，侵犯公民私人所有的财产，侵犯公民的人身权利、民主权利和其他权利，以及其他危害社会的行为，依照法律应当受刑罚处罚的，都是犯罪，但是情节显著轻微危害不大的，不认为是犯罪。

2. BC，解析：根据《刑法》第22条规定，为了犯罪，准备工具、制造条件的，是犯罪预备。对于预备犯，可以比照既遂犯从轻、减轻处罚或者免除处罚。

3. ACD，解析：根据《刑法》第49条规定，犯罪的时候不满18周岁的人和审判的时候怀孕的妇女，不适用死刑。审判的时候已满75周岁的人，不适用死刑，但以特别残忍手段致人死亡的除外。

4. ABCD，解析：根据《刑法》第54条规定，剥夺政治权利是剥夺下列权利：（1）选举权和被选举权；（2）言论、出版、集会、结社、游行、示威自由的权利；（3）担任国家机关职务的权利；（4）担任国有公司、企业、事业单位和人民团体领导职务的权利。

5. ACD，解析：根据《刑法》第66条规定，危害国家安全犯罪、恐怖活动犯罪、黑社会性质的组织犯罪的犯罪分子，在刑罚执行完毕或者赦免以后，在任何时候再犯上述任一类罪的，都以累犯论处。

6. ABCD，解析：根据《刑法》第72条规定，对于被判处拘役、3年以下有期徒刑的犯罪分子，同时符合下列条件的，可以宣告缓刑，对其中不满 18 周岁的人、怀孕的妇女和已满 75 周岁的人，应当宣告缓刑：（1）犯罪情节较轻；（2）有悔罪表现；（3）没有再犯罪的危险；（4）宣告缓刑对所居住社区没有重大不良影响。宣告缓刑，可以根据犯罪情况，同时禁止犯罪分子在缓刑考验期限内从事特定活动，进入特定区域、场所，接触特定的人。被宣告缓刑的犯罪分子，如果被判处附加刑，附加刑仍须执行

7. ABCD，解析：根据《刑法》第 236 条第 3 款规定，强奸妇女、奸淫幼女，有下列情形之一的，处 10 年以上有期徒刑、无期徒刑或者死刑：（1）强奸妇女、奸淫幼女情节恶劣的；（2）强奸妇女、奸淫幼女多人的；（3）在公共场所当众强奸妇女、奸淫幼女的；（4）二人以上轮奸的；（5）奸淫不满 10 周岁的幼女或者造成幼女伤害的；（6）致使被害人重伤、死亡或者造成其他严重后果的。
8. ABCD，解析：根据《刑法》第 240 条第 2 款规定，拐卖妇女、儿童是指以出卖为目的，有拐骗、绑架、收买、贩卖、接送、中转妇女、儿童的行为之一的。
9. ABCD，解析：根据《刑法》第 241 条规定，收买被拐卖的妇女、儿童的，处 3 年以下有期徒刑、拘役或者管制。收买被拐卖的妇女，强行与其发生性关系的，依照本法第 236 条的规定定罪处罚。收买被拐卖的妇女、儿童，非法剥夺、限制其人身自由或者有伤害、侮辱等犯罪行为的，依照本法的有关规定定罪处罚。收买被拐卖的妇女、儿童，并有第 2 款、第 3 款规定的犯罪行为的，依照数罪并罚的规定处罚。收买被拐卖的妇女、儿童又出卖的，依照本法第 240 条的规定定罪处罚。收买被拐卖的妇女、儿童，对被买儿童没有虐待行为，不阻碍对其进行解救的，可以从轻处罚；按照被买妇女的意愿，不阻碍其返回原居住地的，可以从轻或者减轻处罚。

（四）填空题

1. 不能抗拒；不能预见。（《刑法》第 16 条）
2. 他们所犯的罪分别。（《刑法》第 25 条）
3. 核准；高级人民法院。（《刑法》第 48 条）
4. 犯罪分子个人；扶养的家属。（《刑法》第 59 条）
5. 20 年；25 年。（《刑法》第 69 条）
6. 犯后罪之日起。（《刑法》第 89 条）
7. 公共场所；5 年。（《刑法》第 237 条）
8. 出卖；绑架；死刑。（《刑法》第 240 条）

9. 强行。(《刑法》第 241 条)
10. 首要分子；其他参与者。(《刑法》第 242 条)
11. 解救；职务；7 年。(《刑法》第 416 条)

(五) 简答题

1. 答：根据《刑法》第 18 条规定，精神病人在不能辨认或者不能控制自己行为的时候造成危害结果，经法定程序鉴定确认的，不负刑事责任，但是应当责令他的家属或者监护人严加看管和医疗；在必要的时候，由政府强制医疗。间歇性的精神病人在精神正常的时候犯罪，应当负刑事责任。尚未完全丧失辨认或者控制自己行为能力的精神病人犯罪的，应当负刑事责任，但是可以从轻或者减轻处罚。醉酒的人犯罪，应当负刑事责任。
2. 答：根据《刑法》第 50 条规定，判处死刑缓期执行的，在死刑缓期执行期间，如果没有故意犯罪，二年期满以后，减为无期徒刑；如果确有重大立功表现，二年期满以后，减为 25 年有期徒刑；如果故意犯罪，情节恶劣的，报请最高人民法院核准后执行死刑；对于故意犯罪未执行死刑的，死刑缓期执行的期间重新计算，并报最高人民法院备案。对被判处死刑缓期执行的累犯以及因故意杀人、强奸、抢劫、绑架、放火、爆炸、投放危险物质或者有组织的暴力性犯罪被判处死刑缓期执行的犯罪分子，人民法院根据犯罪情节等情况可以同时决定对其限制减刑。
3. 答：根据《刑法》第 78 条第 1 款规定，被判处管制、拘役、有期徒刑、无期徒刑的犯罪分子，在执行期间，如果认真遵守监规，接受教育改造，确有悔改表现的，或者有立功表现的，可以减刑；有下列重大立功表现之一的，应当减刑：(1) 阻止他人重大犯罪活动的；(2) 检举监狱内外重大犯罪活动，经查证属实的；(3) 有发明创造或者重大技术革新的；(4) 在日常生产、生活中舍己救人的；(5) 在抗御自然灾害或者排除重大事故中，有突出表现的；(6) 对国家和社会有其他重大贡献的。
4. 答：根据《刑法》第 237 条第 3 款规定，猥亵儿童的，处 5 年以下有期徒刑；有下列情形之一的，处 5 年以上有期徒刑：(1) 猥亵儿童多人或者多次的；(2) 聚众猥亵儿童的，或者在公共场所当众猥亵儿童，情节恶劣的；(3) 造成儿童伤害或者其他严重后果的；(4) 猥亵手段恶劣或者有其他恶劣情节的。

二十、最高人民法院关于审理拐卖妇女儿童犯罪案件具体应用法律若干问题的解释

（一）判断题

1. 对婴幼儿采取欺骗、利诱等手段使其脱离监护人或者看护人的，视为《刑法》第240条第1款第（6）项规定的“偷盗婴幼儿”。（　　）
2. 收买被拐卖的妇女、儿童，又以暴力、威胁方法阻碍国家机关工作人员解救被收买的妇女、儿童，或者聚众阻碍国家机关工作人员解救被收买的妇女、儿童，构成妨害公务罪、聚众阻碍解救被收买的妇女、儿童罪的，依照数罪并罚的规定处罚。（　　）

（二）单项选择题

1. 以介绍婚姻为名，与被介绍妇女（　　）骗取他人钱财，数额较大的，应当以诈骗罪追究刑事责任。

A. 串通　　B. 合伙

C. 合作　　D. 共谋

2. 出于结婚目的收买被拐卖的妇女，或者出于抚养目的收买被拐卖的儿童，涉及多名家庭成员、亲友参与的，对其中起（　　）的人员应当依法追究刑事责任。

A. 重要作用　　B. 主要作用

C. 首要作用　　D. 关键作用

3. 《刑法》第240条、第241条规定的儿童，是指不满（　　）周岁的人。其中，不满1周岁的为婴儿，1周岁以上不满6周岁的为幼儿。

A. 10　　B. 12

C. 14　　D. 16

（三）多项选择题

1. 以介绍婚姻为名，（　　），违背妇女意志，将其出卖给他人的，应当以拐卖妇女罪追究刑事责任。
   A. 采取非法扣押身份证件、限制人身自由等方式
   B. 利用妇女人地生疏等境况
   C. 利用妇女语言不通等境况
   D. 利用妇女孤立无援等境况
2. 下列关于拐卖妇女的说法正确的是：（　　）
   A. 收买被拐卖的妇女，业已形成稳定的婚姻家庭关系，解救时被买妇女自愿继续留在当地共同生活的，应当视为“按照被买妇女的意愿，不阻碍其返回原居住地”
   B. 收买被拐卖的妇女，业已形成稳定的婚姻家庭关系，解救时被买妇女自愿继续留在当地共同生活的，可以视为“按照被买妇女的意愿，不阻碍其返回原居住地”
   C. 收买被拐卖的妇女、儿童后又组织、强迫卖淫或者组织乞讨、进行违反治安管理活动等构成其他犯罪的，依照数罪并罚的规定处罚
   D. 收买被拐卖的妇女、儿童后又组织、强迫卖淫或者组织乞讨、进行违反治安管理活动等构成其他犯罪的，应择一重罪处罚

（四）填空题

1. 医疗机构、社会福利机构等单位的工作人员以____为目的，将所____的儿童出卖给他人的，以拐卖儿童罪论处。
2. 在国家机关工作人员____来历不明儿童或者进行____时，将所收买的儿童藏匿、转移或者实施其他妨碍解救行为，经说服教育____的，属于《刑法》第241条第6款规定的“阻碍对其进行解救”。

参考答案

（一）判断题

1. √，解析：根据《最高人民法院关于审理拐卖妇女儿童犯罪案件具体应用法律若干问题的解释》（以下简称《拐卖妇女儿童犯罪案件解释》）第 1 条规定。
2. √，解析：根据《拐卖妇女儿童犯罪案件解释》第 7 条规定。

（二）单项选择题

1. A，解析：根据《拐卖妇女儿童犯罪案件解释》第 3 条第 2 款规定，以介绍婚姻为名，与被介绍妇女串通骗取他人钱财，数额较大的，应当以诈骗罪追究刑事责任。
2. B，解析：根据《拐卖妇女儿童犯罪案件解释》第 8 条规定，出于结婚目的收买被拐卖的妇女，或者出于抚养目的收买被拐卖的儿童，涉及多名家庭成员、亲友参与的，对其中起主要作用的人员应当依法追究刑事责任。
3. C，解析：根据《拐卖妇女儿童犯罪案件解释》第 9 条规定，《刑法》第 240 条、第 241 条规定的儿童，是指不满 14 周岁的人。其中，不满 1 周岁的为婴儿，1 周岁以上不满 6 周岁的为幼儿。

（三）多项选择题

1. ABCD，解析：根据《拐卖妇女儿童犯罪案件解释》第 3 条第 1 款规定，以介绍婚姻为名，采取非法扣押身份证件、限制人身自由等方式，或者利用妇女人地生疏、语言不通、孤立无援等境况，违背妇女意志，将其出卖给他人的，应当以拐卖妇女罪追究刑事责任。
2. BC，解析：根据《拐卖妇女儿童犯罪案件解释》第 5 条规定，收买被拐卖的妇女，业已形成稳定的婚姻家庭关系，解救时被买妇女自愿继续留在当地共同生活的，可以视为“按照被买妇女的意愿，不阻碍其返回原居住地”。根据《拐卖妇女儿童犯罪案件解释》第 6 条规定，收买被拐卖的妇女、儿童后又组织、强迫卖淫或者组织乞讨、进行违反治安管理活动等构成其他犯罪的，依照数罪并罚的规定处罚。

（四）填空题

1. 非法获利；诊疗、护理、抚养。（《拐卖妇女儿童犯罪案件解释》第 2 条）
2. 排查；解救；仍不配合。（《拐卖妇女儿童犯罪案件解释》第 4 条）

二十一、刑事诉讼法

（一）判断题

1. 对刑事案件的侦查、拘留、执行逮捕、预审、提起公诉，由公安机关负责。（　　）
2. 国家安全机关依照法律规定，办理危害国家安全的刑事案件时，可以行使与公安机关相同的职权。（　　）
3. 在少数民族聚居或者多民族杂居的地区，应当用当地通用的语言进行审讯，用当地通用的文字发布判决书、布告和其他文件。（　　）
4. 人民法院审判案件，实行三审终审制。（　　）
5. 下级人民法院认为案情重大、复杂需要由上级人民法院审判的第一审刑事案件，可以请求移送上一级人民法院审判。（　　）
6. 犯罪嫌疑人自被侦查机关第一次讯问或者采取强制措施之日起，有权委托辩护人；在侦查期间，可以委托律师作为辩护人或自己作为辩护人。（　　）
7. 辩护律师可以同在押的犯罪嫌疑人、被告人会见和通信。其他辩护人经公安机关、人民检察院许可，也可以同在押的犯罪嫌疑人、被告人会见和通信。（　　）

（二）单项选择题

1. 最高人民法院管辖的（　　）刑事案件，是全国性的重大刑事案件。

A. 第一审　　B. 第二审

C. 第三审　　D. 终审

2. 担任过本案的证人、鉴定人、辩护人、诉讼代理人的（　　），应当自行回避，当事人及其法定代理人也有权要求他们回避。

A. 审判人员　　B. 检察人员

C. 侦查人员　　D. 以上都是

3.《刑事诉讼法》关于回避的规定适用于：（　　）

A. 书记员　　B. 翻译人员

C. 鉴定人　　D. 以上都是

4. 下列可以被委托为辩护人的是：（　　）

A. 律师　　B. 犯罪嫌疑人、被告人的亲友

C. 人民团体　　D. 以上都是

5. （　　）可以在人民法院、看守所等场所派驻值班律师。

A. 司法行政机关　　B. 人民检察院

C. 律师事务所　　D. 法律援助机构

6. 收件人本人或者代收人拒绝接收或者拒绝签名、盖章的时候，送达人可以邀请他的邻居或者其他见证人到场，说明情况，把文件留在他的住处，在送达证上记明拒绝的事由、送达的日期，由（　　），即认为已经送达。

A. 邻居签名　　B. 见证人签名

C. 送达人签名　　D. 代收人签名

7. 搜查妇女的身体，应当由（　　）进行。

A. 女工作人员　　B. 女医生

C. 医生　　D. 侦查人员

（三）多项选择题

1. （　　）进行刑事诉讼，必须依靠群众，必须以事实为根据，以法律为准绳。对于一切公民，在适用法律上一律平等，在法律面前，不允许有任何特权。

A. 人民法院　　B. 人民检察院

C. 公安机关　　D. 各级政府

2. 人民法院、人民检察院和公安机关进行刑事诉讼，应当（　　），以保证准确有效地执行法律。

A. 分工负责　　B. 互相配合

C. 互相制约　　D. 互相监督

3. 犯罪嫌疑人、被告人是（　　），没有委托辩护人的，人民法院、人民检察院和公安机关应当通知法律援助机构指派律师为其提供辩护。

A. 盲、聋、哑人

B. 尚未完全丧失辨认或者控制自己行为能力的精神病人

C. 经济困难的人

D. 可能被判处无期徒刑、死刑的人

4. 法律援助机构可以在人民法院、看守所等场所派驻值班律师。犯罪嫌疑人、被告人没有委托辩护人，法律援助机构没有指派律师为其提供辩护的，由值班律师为犯罪嫌疑人、被告人提供（　　）等法律帮助。

A. 法律咨询　　B. 程序选择建议

C. 申请变更强制措施　　D. 对案件处理提出意见

5. 辩护律师持（　　）要求会见在押的犯罪嫌疑人、被告人的，看守所应当及时安排会见，至迟不得超过 48 小时。

A. 律师执业证书　　B. 律师事务所证明

C. 委托书或者法律援助公函　　D. 身份证

6. 对于（　　）的重大嫌疑分子，提请审查批准的时间可以延长至 30 日。

A. 流窜作案　　B. 多次作案

C. 结伙作案　　D. 案情严重

（四）填空题

1. 犯罪嫌疑人、被告人____供述自己的罪行，承认指控的犯罪事实，愿意接受处罚的，可以依法从宽处理。

2. 辩护人收集的有关犯罪嫌疑人不在犯罪现场、____、属于依法不负刑事责任的精神病人的证据，应当及时告知公安机关、人民检察院。

3. 在审判过程中，被告人可以拒绝辩护人继续为他辩护，也可以____。

4. 附带民事诉讼应当同刑事案件____审判，只有为了防止刑事案件审判的过分迟延，才可以在刑事案件审判后，由同一审判组织继续审理附带民事诉讼。

5. 对查封、扣押的财物、文件，应当会同____和被查封、扣押财物、文件持有人查点清楚，当场开列清单一式二份。

（五）简答题

1. 简述不追究刑事责任的情形。
2. 简述刑事诉讼可以中止审理的情形。
3. 简述刑事自诉案件的类型。

参考答案

（一）判断题

1. ×，解析：根据《刑事诉讼法》第 3 条第 1 款规定，对刑事案件的侦查、拘留、执行逮捕、预审，由公安机关负责。检察、批准逮捕、检察机关直接受理的案件的侦查、提起公诉，由人民检察院负责。审判由人民法院负责。除法律特别规定的以外，其他任何机关、团体和个人都无权行使这些权力。
2. √，解析：根据《刑事诉讼法》第 4 条规定。
3. √，解析：根据《刑事诉讼法》第 9 条规定。
4. ×，解析：根据《刑事诉讼法》第 10 条规定，人民法院审判案件，实行两审终审制。
5. √，解析：根据《刑事诉讼法》第 24 条规定。
6. ×，解析：根据《刑事诉讼法》第 34 条第 1 款规定，犯罪嫌疑人自被侦查机关第一次讯问或者采取强制措施之日起，有权委托辩护人；在侦查期间，只能委托律师作为辩护人。被告人有权随时委托辩护人。
7. ×，解析：根据《刑事诉讼法》第 39 条第 1 款规定，辩护律师可以同在押的犯罪嫌疑人、被告人会见和通信。其他辩护人经人民法院、人民检察院许可，也可以同在押的犯罪嫌疑人、被告人会见和通信。

（二）单项选择题

1. A，解析：根据《刑事诉讼法》第 23 条规定，最高人民法院管辖的第一审刑事案件，是全国性的重大刑事案件。
2. D，解析：根据《刑事诉讼法》第 29 条规定，审判人员、检察人员、侦查人员有下列情形之一的，应当自行回避，当事人及其法定代理人也有权要求他们回避：（1）是本案的当事人或者是当事人的近亲属的；（2）本人或者他的近亲属和本案有利害关系的；（3）担任过本案的证人、鉴定人、辩护人、诉讼代理人的；（4）与本案当事人有其他关系，可能影响公正处理案件的。

3. D，解析：根据《刑事诉讼法》第 32 条第 1 款规定，本章关于回避的规定适用于书记员、翻译人员和鉴定人。

4. D，解析：根据《刑事诉讼法》第 33 条第 1 款规定，犯罪嫌疑人、被告人除自己行使辩护权以外，还可以委托 1 至 2 人作为辩护人。下列的人可以被委托为辩护人：（1）律师；（2）人民团体或者犯罪嫌疑人、被告人所在单位推荐的人；（3）犯罪嫌疑人、被告人的监护人、亲友。

5. D，解析：根据《刑事诉讼法》第 36 条第 1 款规定，法律援助机构可以在人民法院、看守所等场所派驻值班律师。犯罪嫌疑人、被告人没有委托辩护人，法律援助机构没有指派律师为其提供辩护的，由值班律师为犯罪嫌疑人、被告人提供法律咨询、程序选择建议、申请变更强制措施、对案件处理提出意见等法律帮助。

6. C，解析：根据《刑事诉讼法》第 107 条第 2 款规定，收件人本人或者代收人拒绝接收或者拒绝签名、盖章的时候，送达人可以邀请他的邻居或者其他见证人到场，说明情况，把文件留在他的住处，在送达证上记明拒绝的事由、送达的日期，由送达人签名，即认为已经送达。

7. A，解析：根据《刑事诉讼法》第 139 条第 2 款规定，搜查妇女的身体，应当由女工作人员进行。

（三）多项选择题

1. ABC，解析：根据《刑事诉讼法》第 6 条规定，人民法院、人民检察院和公安机关进行刑事诉讼，必须依靠群众，必须以事实为根据，以法律为准绳。对于一切公民，在适用法律上一律平等，在法律面前，不允许有任何特权。

2. ABC，解析：根据《刑事诉讼法》第 7 条规定，人民法院、人民检察院和公安机关进行刑事诉讼，应当分工负责，互相配合，互相制约，以保证准确有效地执行法律。

3. ABD，解析：根据《刑事诉讼法》第 35 条第 2 款、第 3 款规定，犯罪嫌疑人、被告人是盲、聋、哑人，或者是尚未完全丧失辨认或者控制自己行为能力的精神病人，没有委托辩护人的，人民法院、人民检察院和公安机关应当通知法律援助机构指派律师为其提供辩护。犯罪嫌疑人、被告人可能被判处无期徒刑、死刑，没有委托辩护人的，人民法院、人民检察院和公安机关应当通知法律援助机构指派律师为其提供辩护。

4. ABCD，解析：根据《刑事诉讼法》第36条第1款规定，法律援助机构可以在人民法院、看守所等场所派驻值班律师。犯罪嫌疑人、被告人没有委托辩护人，法律援助机构没有指派律师为其提供辩护的，由值班律师为犯罪嫌疑人、被告人提供法律咨询、程序选择建议、申请变更强制措施、对案件处理提出意见等法律帮助。

5. ABC，解析：根据《刑事诉讼法》第39条第2款规定，辩护律师持律师执业证书、律师事务所证明和委托书或者法律援助公函要求会见在押的犯罪嫌疑人、被告人的，看守所应当及时安排会见，至迟不得超过48小时。

6. ABC，解析：根据《刑事诉讼法》第91条第2款规定，对于流窜作案、多次作案、结伙作案的重大嫌疑分子，提请审查批准的时间可以延长至30日。

（四）填空题

1. 自愿如实。（《刑事诉讼法》第15条）
2. 未达到刑事责任年龄。（《刑事诉讼法》第42条）
3. 另行委托辩护人辩护。（《刑事诉讼法》第45条）
4. 一并。（《刑事诉讼法》第104条）
5. 在场见证人。（《刑事诉讼法》第142条）

（五）简答题

1. 答：根据《刑事诉讼法》第16条规定，有下列情形之一的，不追究刑事责任，已经追究的，应当撤销案件，或者不起诉，或者终止审理，或者宣告无罪：（1）情节显著轻微、危害不大，不认为是犯罪的；（2）犯罪已过追诉时效期限的；（3）经特赦令免除刑罚的；（4）依照刑法告诉才处理的犯罪，没有告诉或者撤回告诉的；（5）犯罪嫌疑人、被告人死亡的；（6）其他法律规定免予追究刑事责任的。

2. 答：根据《刑事诉讼法》第206条第1款规定，在审判过程中，有下列情形之一，致使案件在较长时间内无法继续审理的，可以中止审理：（1）被告人患有严重疾病，无法出庭的；（2）被告人脱逃的；（3）自诉人患有严重疾病，无法出庭，未委托诉讼代理人出庭的；（4）由于不能抗拒的原因。

3. 答：根据《刑事诉讼法》第210条规定，自诉案件包括下列案件：（1）告诉才处理的案件；（2）被害人有证据证明的轻微刑事案件；（3）被害人有证据证明对被告人侵犯自己人身、财产权利的行为应当依法追究刑事责任，而公安机关或者人民检察院不予追究被告人刑事责任的案件。

二十二、法律援助法

（一）判断题

1. 为了规范和促进法律援助工作，保障公民和有关当事人的合法权益，保障法律正确实施，维护社会公平正义，制定《法律援助法》。（　　）
2. 市级以上人民政府应当将法律援助工作纳入国民经济和社会发展规划、基本公共服务体系，保障法律援助事业与经济社会协调发展。（　　）
3. 司法行政部门应当开展经常性的法律援助宣传教育，普及法律援助知识。（　　）
4. 国家鼓励和规范法律援助志愿服务；支持符合条件的个人作为法律援助志愿者，依法提供法律援助。（　　）
5. 法律援助人员应当恪守职业道德和执业纪律，可以向受援人收取必要的费用。（　　）
6. 法律援助机构应当通过服务窗口、电话、网络等多种方式提供法律咨询服务；提示当事人享有依法申请法律援助的权利，并告知申请法律援助的条件和程序。（　　）
7. 人民法院、人民检察院、公安机关通知法律援助机构指派律师担任辩护人时，不得限制或者损害犯罪嫌疑人、被告人委托辩护人的权利。（　　）
8. 值班律师应当依法为所有的犯罪嫌疑人、被告人提供法律咨询、程序选择建议、申请变更强制措施、对案件处理提出意见等法律帮助。（　　）
9. 经济困难的标准，由设区的市、自治州人民政府根据本行政区域经济发展状况和法律援助工作需要确定，并实行动态调整。（　　）
10. 犯罪嫌疑人、被告人通过值班律师提出代理、刑事辩护等法律援助申请的，值班律师应当在 24 小时内将申请转交法律援助机构。（　　）
11. 被羁押的犯罪嫌疑人、被告人、服刑人员，以及强制隔离戒毒人员，应当由其法定代理人或者近亲属代为提出法律援助申请。（　　）
12. 法律援助机构为老年人、残疾人提供法律援助服务的，应当根据实际情况提供无障碍设施设备和服务。（　　）

13. 法律援助人员应当按照规定向受援人通报法律援助事项办理情况，不得损害受援人权益。（　　）
14. 申请人、受援人对法律援助机构不予法律援助、终止法律援助的决定有异议的，可以向设立该法律援助机构的司法行政部门提出。（　　）
15. 国家加强法律援助信息化建设，促进司法行政部门与审判机关及其他有关部门实现信息共享和工作协同。（　　）
16. 法律援助机构应当依照有关规定及时向法律援助人员支付法律援助补贴。（　　）
17. 法律援助机构、法律援助人员未依法履行职责的，受援人可以向司法行政部门投诉，并可以请求法律援助机构更换法律援助人员。（　　）
18. 司法行政部门、法律援助机构应当建立法律援助信息公开制度，不定期向社会公布法律援助资金使用、案件办理、质量考核结果等情况，接受社会监督。（　　）
19. 违反《法律援助法》规定，冒用法律援助名义提供法律服务并谋取利益的，由司法行政部门责令改正，没收违法所得，并处违法所得 3 倍以上 5 倍以下罚款。（　　）

（二）单项选择题

1. 国家鼓励和支持群团组织、事业单位、社会组织在（　　）指导下，依法提供法律援助。

A. 人民法院　　B. 人民检察院
C. 公安机关　　D. 司法行政部门

2. 法律援助机构根据（　　）需要，可以安排本机构具有律师资格或者法律职业资格的工作人员提供法律援助。

A. 职责　　B. 工作
C. 现实　　D. 任务

3. 司法行政部门可以通过（　　）等方式，择优选择律师事务所等法律服务机构为受援人提供法律援助。

A. 政府采购　　B. 政府采买
C. 政府购买　　D. 政府招标

4. 国家建立健全法律服务资源依法跨区域流动机制，鼓励和支持律师事务所、律师、法律援助志愿者等在法律服务资源（　　）地区提供法律援助。

A. 相对匮乏　　B. 相对短缺

C. 极度匮乏　　D. 极度短缺

5. 刑事案件的犯罪嫌疑人、被告人因经济困难或者其他原因没有委托辩护人的，本人及（　　）可以向法律援助机构申请法律援助。

A. 其近亲属　　B. 其所在居（村）委会

C. 其所在单位　　D. 其所在地的民政部门

6. 对可能被判处无期徒刑、死刑的人，以及死刑复核案件的被告人，法律援助机构收到人民法院、人民检察院、公安机关通知后，应当指派具有（　）以上相关执业经历的律师担任辩护人。

A. 1 年　　B. 2 年

C. 3 年　　D. 5 年

7. 人民法院、人民检察院、公安机关办理刑事案件，发现强制医疗案件的被申请人没有委托诉讼代理人的，应当在（　　）内通知法律援助机构指派律师。

A. 1 日　　B. 2 日

C. 3 日　　D. 5 日

8. 对诉讼事项的法律援助，由申请人向（　　）的法律援助机构提出申请。

A. 争议处理机关所在地　　B. 事由发生地

C. 申请人住所地　　D. 办案机关所在地

9. 被羁押的犯罪嫌疑人、被告人、服刑人员，以及强制隔离戒毒人员等提出法律援助申请的，办案机关、监管场所应当在（　　）内将申请转交法律援助机构。

A. 8 小时　　B. 12 小时

C. 24 小时　　D. 48 小时

10. 法律援助机构应当自收到法律援助申请之日起 7 日内进行（　　），作出是否给予法律援助的决定。

A. 审查　　B. 审核

C. 审批　　D. 检查

11. 司法行政部门应当自收到异议之日起（　　）内进行审查，作出维持法律援助机构决定或者责令法律援助机构改正的决定。

A. 1日　　B. 2日

C. 3日　　D. 5日

12. （　　）应当有计划地对法律援助人员进行培训，提高法律援助人员的专业素质和服务能力。

A. 县级以上人民政府司法行政部门

B. 县级以上人民政府

C. 市级以上人民政府司法行政部门

D. 市级以上人民政府

13. 法律援助受援人以欺骗或者其他不正当手段获得法律援助的，由司法行政部门责令其支付已实施法律援助的费用，并处（　　）以下罚款。

A. 1000元　　B. 2000元

C. 3000元　　D. 4000元

(三) 多项选择题

1. 下列关于法律援助的说法正确是：（　　）

A. 国务院司法行政部门指导、监督全国的法律援助工作

B. 县级以上地方人民政府司法行政部门指导、监督本行政区域的法律援助工作

C. 县级以上人民政府其他有关部门依照各自职责，为法律援助工作提供支持和保障

D. 律师协会应当指导和支持律师事务所、律师参与法律援助工作

2. 法律援助机构负责组织实施法律援助工作，受理、审查法律援助申请，指派（　　）等法律援助人员提供法律援助，支付法律援助补贴。

A. 律师　　B. 法官、检察官

C. 基层法律服务工作者　　D. 法律援助志愿者

3. 法律援助机构可以在（　　）等场所派驻值班律师，依法为没有辩护人的犯罪嫌疑人、被告人提供法律援助。

A. 人民法院　　B. 人民检察院

C. 公安机关　　D. 看守所

4. 负有依法提供法律援助的义务的机构和个人有：（　　）

A. 律师事务所　　B. 基层法律服务所

C. 律师　　D. 基层法律服务工作者

5. 法律援助机构、法律援助人员对提供法律援助过程中知悉的（　　）应当予以保密。

A. 国家秘密　　B. 商业秘密

C. 个人隐私　　D. 违法信息

6. 刑事案件的犯罪嫌疑人、被告人属于（　　），没有委托辩护人的，人民法院、人民检察院、公安机关应当通知法律援助机构指派律师担任辩护人。

A. 未成年人

B. 视力、听力、言语残疾人

C. 不能完全辨认自己行为的成年人

D. 可能被判处无期徒刑、死刑的人

7. 当事人申请法律援助的，不受经济困难条件的限制的情形有：（　　）

A. 英雄烈士近亲属为维护英雄烈士的人格权益

B. 因见义勇为行为主张相关民事权益

C. 再审改判无罪请求国家赔偿

D. 遭受虐待、遗弃或者家庭暴力的受害人主张相关权益

8. 人民法院、人民检察院、公安机关应当保障值班律师依法提供法律帮助，告知没有辩护人的犯罪嫌疑人、被告人有权约见值班律师，并依法为值班律师（　　）等提供便利。

A. 了解案件有关情况　　B. 阅卷

C. 会见　　D. 提出上诉

9. 下列关于法律援助的说法正确的是：（　　）

A. 因经济困难申请法律援助的，申请人应当如实说明经济困难状况

B. 法律援助机构核查申请人的经济困难状况，可以通过信息共享查询

C. 法律援助机构核查申请人的经济困难状况，可以由申请人进行个人诚信承诺

D. 法律援助机构开展核查工作，有关部门、单位、村民委员会、居民委员会和个人应当予以配合

10. 法律援助人员接受指派后，无正当理由不得（　　）提供法律援助服务。

A. 中止　　B. 终止

C. 拖延　　D. 拒绝

11. 法律援助补贴免征（　　）。

A. 营业税　　B. 企业所得税

C. 增值税　　D. 个人所得税

12. 人民法院应当根据情况对法律援助受援人（　　）诉讼费用。

A. 缓收　　B. 减收

C. 免收　　D. 收取

13. 法律援助机构应当综合运用（　　）等措施，督促法律援助人员提升服务质量。

A. 庭审旁听　　B. 案卷检查

C. 征询司法机关意见　　D. 回访受援人

14. 律师、基层法律服务工作者（　　），由司法行政部门依法给予处罚。

A. 无正当理由拒绝履行法律援助义务或者怠于履行法律援助义务

B. 擅自终止提供法律援助

C. 收取受援人财物

D. 泄露法律援助过程中知悉的国家秘密、商业秘密和个人隐私

（四）填空题

1. 法律援助，是国家建立的为____公民和符合法定条件的其他当事人____提供____等法律服务的制度，是公共法律服务体系的组成部分。

2. 法律援助工作坚持____领导，坚持以____为中心，尊重和保障人权，遵循____的原则，实行国家保障与社会参与相结合。

3. 县级以上人民政府应当健全法律援助保障体系，将法律援助相关经费列入本级政府____，建立____调整机制，保障法律援助工作需要，促进法律援助均衡发展。

4. 国家鼓励和支持企业事业单位、社会组织和个人等____，依法通过____等方式为法律援助事业提供支持；对符合条件的，给予____优惠。

5. 律师事务所、基层法律服务所应当____本所律师、基层法律服务工作者履行法律援助义务。

6. 法律援助人员应当依法履行职责，及时为受援人提供符合____的法律援助服务，维护受援人的____权益。

7. 强制医疗案件的被申请人或者被告人没有委托诉讼代理人的，____应当通知法律援助机构指派____为其提供法律援助。

8. 刑事公诉案件的被害人及其____或者近亲属，刑事自诉案件的自诉人及其法定代理人，刑事附带民事诉讼案件的原告人及其法定代理人，因____没有委托诉讼代理人的，____向法律援助机构申请法律援助。

9. 当事人不服司法机关生效裁判或者决定____或者____，人民法院决定、裁定再审或者人民检察院____，因经济困难没有委托辩护人或者诉讼代理人的，本人及其近亲属可以向法律援助机构申请法律援助。

10. 无民事行为能力人或者限制民事行为能力人需要法律援助的，____由其法定代理人代为提出申请。

11. 申请人提交的申请材料不齐全的，法律援助机构应当____告知申请人需要补充的材料或者要求申请人作出说明。申请人未按要求补充材料或者作出说明的，____撤回申请。

12. 受援人应当向法律援助人员____与法律援助事项有关的情况，及时提供____，协助、配合办理法律援助事项。

13. 申请人、受援人对司法行政部门维持法律援助机构决定不服的，可以依法申请____或者提起____。

14 法律援助事项办理结束后，法律援助人员应当及时向法律援助机构报告，提交有关法律文书的____、____等材料。

15. 公证机构、司法鉴定机构应当对法律援助受援人____或者____公证费、鉴定费。

16. 律师协会应当将律师事务所、律师履行法律援助义务的情况纳入____考核内容，对____或者____法律援助义务的律师事务所、律师，依照有关规定进行____。

17. 对外国人和____提供法律援助，我国法律有规定的，适用法律规定；我国法律没有规定的，可以根据我国缔结或者参加的____，或者按照____原则，参照适用《法律援助法》的相关规定。

（五）简答题

1. 简述法律援助机构可以组织法律援助人员依法提供法律援助服务的形式。
2. 简述当事人因经济困难没有委托代理人可以向法律援助机构申请法律援助的事项。
3. 简述法律援助申请人免予核查经济困难状况的情形。
4. 简述法律援助机构收到法律援助申请后，可以决定先行提供法律援助的情形。
5. 简述法律援助机构应当作出终止法律援助的决定的情形。
6. 简述法律援助机构及其工作人员应当承担法律责任的情形。

参考答案

（一）判断题

1. √，解析：根据《法律援助法》第 1 条规定。
2. ×，解析：根据《法律援助法》第 4 条第 1 款规定，县级以上人民政府应当将法律援助工作纳入国民经济和社会发展规划、基本公共服务体系，保障法律援助事业与经济社会协调发展。
3. √，解析：根据《法律援助法》第 10 条规定。
4. √，解析：根据《法律援助法》第 17 条规定。
5. ×，解析：根据《法律援助法》第 20 条规定，法律援助人员应当恪守职业道德和执业纪律，不得向受援人收取任何财物。
6. √，解析：根据《法律援助法》第 23 条规定。
7. √，解析：根据《法律援助法》第 27 条规定。
8. ×，解析：根据《法律援助法》第 30 条规定，值班律师应当依法为没有辩护人的犯罪嫌疑人、被告人提供法律咨询、程序选择建议、申请变更强制措施、对案件处理提出意见等法律帮助。
9. ×，解析：根据《法律援助法》第 34 条规定，经济困难的标准，由省、自治区、直辖市人民政府根据本行政区域经济发展状况和法律援助工作需要确定，并实行动态调整。

10. √，解析：根据《法律援助法》第 39 条规定。

11. ×，解析：根据《法律援助法》第 40 条第 2 款规定，被羁押的犯罪嫌疑人、被告人、服刑人员，以及强制隔离戒毒人员，可以由其法定代理人或者近亲属代为提出法律援助申请。

12. √，解析：根据《法律援助法》第 45 条规定。

13. ×，解析：根据《法律援助法》第 46 条第 2 款规定，法律援助人员应当按照规定向受援人通报法律援助事项办理情况，不得损害受援人合法权益。

14. √，解析：根据《法律援助法》第 49 条规定。

15. ×，解析：根据《法律援助法》第 51 条规定，国家加强法律援助信息化建设，促进司法行政部门与司法机关及其他有关部门实现信息共享和工作协同。

16. √，解析：根据《法律援助法》第 52 条规定。

17. √，解析：根据《法律援助法》第 55 条规定。

18. ×，解析：根据《法律援助法》第 58 条规定，司法行政部门、法律援助机构应当建立法律援助信息公开制度，定期向社会公布法律援助资金使用、案件办理、质量考核结果等情况，接受社会监督。

19. ×，解析：根据《法律援助法》第 65 条规定，违反本法规定，冒用法律援助名义提供法律服务并谋取利益的，由司法行政部门责令改正，没收违法所得，并处违法所得 1 倍以上 3 倍以下罚款。

（二）单项选择题

1. D，解析：根据《法律援助法》第 8 条规定，国家鼓励和支持群团组织、事业单位、社会组织在司法行政部门指导下，依法提供法律援助。

2. B，解析：根据《法律援助法》第 13 条规定，法律援助机构根据工作需要，可以安排本机构具有律师资格或者法律职业资格的工作人员提供法律援助；可以设置法律援助工作站或者联络点，就近受理法律援助申请。

3. A，解析：根据《法律援助法》第 15 条规定，司法行政部门可以通过政府采购等方式，择优选择律师事务所等法律服务机构为受援人提供法律援助。

4. B，解析：根据《法律援助法》第 18 条规定，国家建立健全法律服务资源依法跨区域流动机制，鼓励和支持律师事务所、律师、法律援助志愿者等在法律服务资源相对短缺地区提供法律援助。

5. A，解析：根据《法律援助法》第 24 条规定，刑事案件的犯罪嫌疑人、被告人因经济困难或者其他原因没有委托辩护人的，本人及其近亲属可以向法律援助机构申请法律援助。
6. C，解析：根据《法律援助法》第 26 条规定，对可能被判处无期徒刑、死刑的人，以及死刑复核案件的被告人，法律援助机构收到人民法院、人民检察院、公安机关通知后，应当指派具有 3 年以上相关执业经历的律师担任辩护人。
7. C，解析：根据《法律援助法》第 36 条规定，人民法院、人民检察院、公安机关办理刑事案件，发现有本法第 25 条第 1 款、第 28 条规定情形的，应当在 3 日内通知法律援助机构指派律师。法律援助机构收到通知后，应当在 3 日内指派律师并通知人民法院、人民检察院、公安机关。根据第 28 条规定，强制医疗案件的被申请人或者被告人没有委托诉讼代理人的，人民法院应当通知法律援助机构指派律师为其提供法律援助。
8. D，解析：根据《法律援助法》第 38 条规定，对诉讼事项的法律援助，由申请人向办案机关所在地的法律援助机构提出申请；对非诉讼事项的法律援助，由申请人向争议处理机关所在地或者事由发生地的法律援助机构提出申请。
9. C，解析：根据《法律援助法》第 39 条第 1 款规定，被羁押的犯罪嫌疑人、被告人、服刑人员，以及强制隔离戒毒人员等提出法律援助申请的，办案机关、监管场所应当在 24 小时内将申请转交法律援助机构。
10. A，解析：根据《法律援助法》第 43 条第 1 款规定，法律援助机构应当自收到法律援助申请之日起 7 日内进行审查，作出是否给予法律援助的决定。决定给予法律援助的，应当自作出决定之日起 3 日内指派法律援助人员为受援人提供法律援助；决定不给予法律援助的，应当书面告知申请人，并说明理由。
11. D，解析：根据《法律援助法》第 49 条第 2 款规定，司法行政部门应当自收到异议之日起 5 日内进行审查，作出维持法律援助机构决定或者责令法律援助机构改正的决定。
12. A，解析：根据《法律援助法》第 54 条规定，县级以上人民政府司法行政部门应当有计划地对法律援助人员进行培训，提高法律援助人员的专业素质和服务能力。
13. C，解析：根据《法律援助法》第 64 条规定，受援人以欺骗或者其他不正当手段获得法律援助的，由司法行政部门责令其支付已实施法律援助的费用，并处 3000 元以下罚款。

（三）多项选择题

1. ABCD，解析：根据《法律援助法》第5条规定，国务院司法行政部门指导、监督全国的法律援助工作。县级以上地方人民政府司法行政部门指导、监督本行政区域的法律援助工作。县级以上人民政府其他有关部门依照各自职责，为法律援助工作提供支持和保障。根据第7条规定，律师协会应当指导和支持律师事务所、律师参与法律援助工作。
2. ACD，解析：根据《法律援助法》第12条规定，县级以上人民政府司法行政部门应当设立法律援助机构。法律援助机构负责组织实施法律援助工作，受理、审查法律援助申请，指派律师、基层法律服务工作者、法律援助志愿者等法律援助人员提供法律援助，支付法律援助补贴。
3. ABD，解析：根据《法律援助法》第14条规定，法律援助机构可以在人民法院、人民检察院和看守所等场所派驻值班律师，依法为没有辩护人的犯罪嫌疑人、被告人提供法律援助。
4. ABCD，解析：根据《法律援助法》第16条第1款规定，律师事务所、基层法律服务所、律师、基层法律服务工作者负有依法提供法律援助的义务。
5. ABC，解析：根据《法律援助法》第21条规定，法律援助机构、法律援助人员对提供法律援助过程中知悉的国家秘密、商业秘密和个人隐私应当予以保密。
6. ABCD，解析：根据《法律援助法》第25条第1款规定，刑事案件的犯罪嫌疑人、被告人属于下列人员之一，没有委托辩护人的，人民法院、人民检察院、公安机关应当通知法律援助机构指派律师担任辩护人：（1）未成年人；（2）视力、听力、言语残疾人；（3）不能完全辨认自己行为的成年人；（4）可能被判处无期徒刑、死刑的人；（5）申请法律援助的死刑复核案件被告人；（6）缺席审判案件的被告人；（7）法律法规规定的其他人员。
7. ABCD，解析：根据《法律援助法》第32条规定，有下列情形之一，当事人申请法律援助的，不受经济困难条件的限制：（1）英雄烈士近亲属为维护英雄烈士的人格权益；（2）因见义勇为行为主张相关民事权益；（3）再审改判无罪请求国家赔偿；（4）遭受虐待、遗弃或者家庭暴力的受害人主张相关权益；（5）法律、法规、规章规定的其他情形。
8. ABC，解析：根据《法律援助法》第37条规定，人民法院、人民检察院、公安机关应当保障值班律师依法提供法律帮助，告知没有辩护人的犯罪嫌疑人、被告人有权约见值班律师，并依法为值班律师了解案件有关情况、阅卷、会见等提供便利。

9. ABCD，解析：根据《法律援助法》第41条规定，因经济困难申请法律援助的，申请人应当如实说明经济困难状况。法律援助机构核查申请人的经济困难状况，可以通过信息共享查询，或者由申请人进行个人诚信承诺。法律援助机构开展核查工作，有关部门、单位、村民委员会、居民委员会和个人应当予以配合。

10. BCD，解析：根据《法律援助法》第46条第1款规定，法律援助人员接受指派后，无正当理由不得拒绝、拖延或者终止提供法律援助服务。

11. CD，解析：根据《法律援助法》第52条第3款规定，法律援助补贴免征增值税和个人所得税。

12. ABC，解析：根据《法律援助法》第53条第1款规定，人民法院应当根据情况对受援人缓收、减收或者免收诉讼费用；对法律援助人员复制相关材料等费用予以免收或者减收。

13. ABCD，解析：根据《法律援助法》第59条规定，法律援助机构应当综合运用庭审旁听、案卷检查、征询司法机关意见和回访受援人等措施，督促法律援助人员提升服务质量。

14. ABCD，解析：根据《法律援助法》第63条规定，律师、基层法律服务工作者有下列情形之一的，由司法行政部门依法给予处罚：（1）无正当理由拒绝履行法律援助义务或者怠于履行法律援助义务；（2）擅自终止提供法律援助；（3）收取受援人财物；（4）泄露法律援助过程中知悉的国家秘密、商业秘密和个人隐私；（5）法律法规规定的其他情形。

（四）填空题

1. 经济困难；无偿；法律咨询、代理、刑事辩护。（《法律援助法》第2条）
2. 中国共产党；人民；公开、公平、公正。（《法律援助法》第3条）
3. 预算；动态。（《法律援助法》第4条）
4. 社会力量；捐赠；税收。（《法律援助法》第9条）
5. 支持和保障。（《法律援助法》第16条）
6. 标准；合法。（《法律援助法》第19条）
7. 人民法院；律师。（《法律援助法》第28条）
8. 法定代理人；经济困难；可以。（《法律援助法》第29条）
9. 提出申诉；申请再审；提出抗诉。（《法律援助法》第33条）
10. 可以。（《法律援助法》第40条）
11. 一次性；视为。（《法律援助法》第43条）

12. 如实陈述；证据材料。（《法律援助法》第 47 条）
13. 行政复议；行政诉讼。（《法律援助法》第 49 条）
14. 副本或者复印件；办理情况报告。（《法律援助法》第 50 条）
15. 减收；免收。（《法律援助法》第 53 条）
16. 年度；拒不履行；怠于履行；惩戒。（《法律援助法》第 60 条）
17. 无国籍人；国际条约；互惠。（《法律援助法》第 69 条）

（五）简答题

1. 答：根据《法律援助法》第 22 条规定，法律援助机构可以组织法律援助人员依法提供下列形式的法律援助服务：（1）法律咨询；（2）代拟法律文书；（3）刑事辩护与代理；（4）民事案件、行政案件、国家赔偿案件的诉讼代理及非诉讼代理；（5）值班律师法律帮助；（6）劳动争议调解与仲裁代理；（7）法律、法规、规章规定的其他形式。
2. 答：根据《法律援助法》第 31 条规定，下列事项的当事人，因经济困难没有委托代理人的，可以向法律援助机构申请法律援助：（1）依法请求国家赔偿；（2）请求给予社会保险待遇或者社会救助；（3）请求发给抚恤金；（4）请求给付赡养费、抚养费、扶养费；（5）请求确认劳动关系或者支付劳动报酬；（6）请求认定公民无民事行为能力或者限制民事行为能力；（7）请求工伤事故、交通事故、食品药品安全事故、医疗事故人身损害赔偿；（8）请求环境污染、生态破坏损害赔偿；（9）法律、法规、规章规定的其他情形。
3. 答：根据《法律援助法》第 42 条规定，法律援助申请人有材料证明属于下列人员之一的，免予核查经济困难状况：（1）无固定生活来源的未成年人、老年人、残疾人等特定群体；（2）社会救助、司法救助或者优抚对象；（3）申请支付劳动报酬或者请求工伤事故人身损害赔偿的进城务工人员；（4）法律、法规、规章规定的其他人员。
4. 答：根据《法律援助法》第 44 条规定，法律援助机构收到法律援助申请后，发现有下列情形之一的，可以决定先行提供法律援助：（1）距法定时效或者期限届满不足 7 日，需要及时提起诉讼或者申请仲裁、行政复议；（2）需要立即申请财产保全、证据保全或者先予执行；（3）法律、法规、规章规定的其他情形。法律援助机构先行提供法律援助的，受援人应当及时补办有关手续，补充有关材料。
5. 答：根据《法律援助法》第 48 条第 1 款规定，有下列情形之一的，法律援助机构应当作出终止法律援助的决定：（1）受援人以欺骗或者其他不正当手段获得法律援助；（2）受援人故意隐瞒与案件有关的重要事实或者提供虚假证据；（3）受援人利用法律援助从事违法活动；（4）受援人的经济状况发生变化，不再符合法律援助条件；（5）案件终止审理或者已经被撤销；（6）受援人自行委托律师或者其他代理人；（7）受援人有正当理由要求终止法律援助；（8）法律法规规定的其他情形。

6. 答：根据《法律援助法》第 61 条规定，法律援助机构及其工作人员有下列情形之一的，由设立该法律援助机构的司法行政部门责令限期改正；有违法所得的，责令退还或者没收违法所得；对直接负责的主管人员和其他直接责任人员，依法给予处分：（1）拒绝为符合法律援助条件的人员提供法律援助，或者故意为不符合法律援助条件的人员提供法律援助；（2）指派不符合本法规定的人员提供法律援助；（3）收取受援人财物；（4）从事有偿法律服务；（5）侵占、私分、挪用法律援助经费；（6）泄露法律援助过程中知悉的国家秘密、商业秘密和个人隐私；（7）法律法规规定的其他情形。

图书在版编目（CIP）数据

妇女权益保障法普法知识题集 / 中国法制出版社编
.—北京：中国法制出版社，2022.11
（普法知识题集系列）
ISBN 978-7-5216-3059-6

Ⅰ.①妇… Ⅱ.①中… Ⅲ.①妇女权益保障法-中国
-习题集 Ⅳ.①D922.7-44

中国版本图书馆 CIP 数据核字（2022）第 199310 号

策划统筹：胡　斌　唐　鸥
责任编辑：刘海龙　　　　封面设计：李　宁

妇女权益保障法普法知识题集

FUNÜ QUANYI BAOZHANGFA PUFA ZHISHI TIJI

编者/中国法制出版社
经销/新华书店
印刷/三河市紫恒印装有限公司
开本/880 毫米×1230 毫米　32 开　　　　印张/ 7　字数/ 168 千
版次/2022 年 11 月第 1 版　　　　2022 年 11 月第 1 次印刷

中国法制出版社出版
书号 ISBN 978-7-5216-3059-6　　　　定价：29.00 元

北京市西城区西便门西里甲 16 号西便门办公区
邮政编码：100053　　　　传真：010-63141600
网址：http：//www.zgfzs.com　　　　**编辑部电话：010-63141814**
市场营销部电话：010-63141612　　　　**印务部电话：010-63141606**

（如有印装质量问题，请与本社印务部联系。）

